셈연구시리즈 78

마가복음과 함께하는

묵상노트

사) 한국기독교교육교역연구원 편

임창복 집필

한국기독교교육교역연구원
www.kcemi.org | www.kcemi.onmam.com

집필자 소개

임 창 복 / 이화여자대학교 사범대학교 과학교육과(B.S.)
장로회신학대학교 신학대학원(M.Div.)
미국 Princeton Theological Seminary(Th.M.)
미국 University of Pittsburgh(Ph. D.)
(사)한국기독교교육교역연구원 원장
장로회신학대학교 명예교수, 기독교교육학

마가복음과 함께하는
묵상노트

초판인쇄	2025년 9월 15일
초판발행	2025년 9월 15일
지 은 이	임 창 복
엮 은 이	사) 한국기독교교육교역연구원
펴 낸 곳	사) 한국기독교교육교역연구원
주　　소	12 경기 가평군 호반로 1373
전　　화	(031) 567-5325, 584-8753 팩스 (031) 584-8753
총 판 처	(주)기독교출판유통
등　　록	No. 17-427(2005. 4. 7.)

ISBN 978-89-93377-71-2 (93230) / Printed in Korea
값 11,000원

※ 이 출판물은 저작권법에 의해 보호를 받는 저작물이므로 무단전재와 무단복제를 할 수 없습니다.

머리말

사단법인 한국기독교교육교역연구원은 그동안 페이스북, 다음 블로그, 그리고 본 연구원 홈페이지에 "오늘의 말씀묵상"을 매일같이(주일은 제외) 올리고 있습니다. 이를 모아 현재까지 「누가복음과 함께하는 묵상노트」가 제1권부터 제4권까지, 「요한복음과 함께하는 묵상노트」가 제1권부터 제4권까지, 「창세기와 함께하는 묵상노트」가 제1권부터 제4권까지, 「사도행전과 함께하는 묵상노트」가 제1권부터 제4권까지, 「히브리서와 함께하는 묵상노트」 제1권부터 제2권까지, 「로마서와 함께하는 묵상노트」 제1권부터 제2권까지, 「이사야와 함께하는 묵상노트」 제1권부터 제3권까지, 「마태복음과 함께하는 묵상노트」 제1권부터 제2권까지, 「고린도전서 및 후서와 함께하는 묵상노트」 그리고 이번에는 「마가복음과 함께하는 묵상노트」 출판하게 되었습니다.

본 연구원이 "오늘의 말씀묵상"을 중요시하는 이유는 매일 단 몇 분만이라도 하나님의 말씀을 고요히 묵상하는 사람은 삶의 질서가 하나님 안에서 분명해지고, 또한 '성경말씀'이 날마다 자신에게 적용되어 삶으로 배어들기 때문입니다. 그리하여 묵상자는 주 안에서 평강과 인내와 기쁨의 삶을 사는 힘을 공급받을 수 있게 됩니다.

무엇보다도 먼저 본서가 출판되기까지 함께하신 하나님께 감사를 드립니다. 이 책을 통하여 묵상하는 모든 이들이 성경말씀으로 치유 되고, 도전받고, 구속함을 입어 변화되는 하나님의 역사가 임하시기를 기원하면서 머리말을 맺습니다.

2025년 9월
사단법인 한국기독교교육교역연구원 원장
장로회신학대학교 명예교수 및 셈교회 목사

임 창 복

묵상기도하는 방법

1. 우선 몸의 균형을 잡고 개방적인 상태로 눈을 감은 채, 편안히 앉아 긴장 완화를 쉽게 하기 위해서 몇 번 깊게 숨을 쉰다.

2. 하나님의 임재를 위한 기도를 드린다. (원하면, 기도 후에 찬송을 부르거나 묵상하기 좋은 음악을 듣는다.)

3. 묵상할 주제를 본 다음, 묵상할 말씀을 한 번 전체적으로 면밀히 그리고 능동적으로 읽는다.

4. 묵상할 말씀을 두 번째 읽으면서, 첫 번째 읽을 때 스쳐 지나간 부분까지 전체 내용이 마음과 머리에 기억되도록 집중하여 능동적으로 읽는다.

5. '기도 요점'과 '도움의 말'을 한 번 읽고 난 후, 다시 세 번째로 묵상할 말씀을 읽어 가면서 특별히 마음과 눈이 머무는 특정 말씀이나 구절 혹은 성경말씀 이야기 안으로 수동적으로 들어간다. 이때 다른 생각이나 잡념과 같은 것은 내려놓는다. 혹은 그것에 붙잡히지 않고 흘러가게 한다.

6. 주님과 대화하면서 묻기도 하고, 주님의 음성을 듣기도 하며, 묵상하는 말씀들로부터 내면으로 스며드는 느낌이나 혹은 말씀 안의 배경, 인물, 대화내용 등으로 몰입되면서 묵상자를 치유하고, 도전하고, 그리고 고요하게 하는 말씀의 능력에로 몰입되어 들어간다.

7. 자신이 묵상한 말씀과 주님과의 대화의 응답으로 '응답의 기도'를 드리며 묵상기도로부터 벗어난다.

8. '묵상노트' 하단의 빈 공간에 자신이 '묵상한 내용'과 '응답의 기도'를 기록한다.

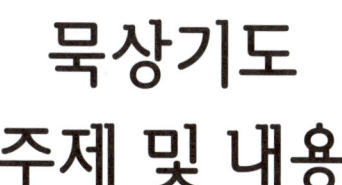

묵상기도
주제 및 내용

말씀 묵상노트의 목적은 그리스도인들이 말씀 묵상, 기도생활을 통하여 성령의 역사로 하나님의 지속적인 현존에 거하게 하는 데 있다. 다른 말로 표현하면, 이는 순간순간, 날마다, 직장 혹은 가정, 그리고 시장에서도 영원성에 그 중심을 두는 삶, 즉 하나님의 현존 안에 우리의 삶이 거하도록 하는 데 있다. 이와 같이 하여 그리스도인의 성경말씀 묵상 기도의 결실은 성령의 인도하심에 따라 세상에서 하나님과의 깊은 관계 속에서 삶을 살 수 있게 하는데 있다.

1 기록 된 것과 같이 광야에서 회개의 세례를 전파하는 세례 요한

마가복음 1 : 1-5

하나님의 아들 예수 그리스도의 복음의 시작이라 선지자 이사야의 글에 보라 내가 내 사자를 네 앞에 보내노니 그가 네 길을 준비하리라 광야에 외치는 자의 소리가 있어 이르되 너희는 주의 길을 준비하라 그의 오실 길을 곧게 하라 기록된 것과 같이 세례 요한이 광야에 이르러 죄 사함을 받게 하는 회개의 세례를 전파하니 온 유대 지방과 예루살렘 사람이 다 나아가 자기 죄를 자복하고 요단 강에서 그에게 세례를 받더라

기도 요점

마가복음이 하나님의 아들 예수 그리스도의 복음의 시작이라는 말씀으로 출발하는데, 이 말씀의 의미는? 기록된 것과 같이 세례 요한이 광야에 이르러 죄 사함을 받게 하는 회개의 세례를 전파하니 온 유대 지방과 예루살렘 사람이 다 나아가 자기 죄를 자복하고 요단 강에서 그에게 세례를 받더라는 말씀 가운데, 기록된 것과 같다는 말씀의 의미는?

도움의 말

마가복음은 하나님의 아들 예수 그리스도의 복음의 시작이라는 말씀으로 시작됩니다. 이 말씀은 당시 죽음을 각오해야만 말할 수 있었거나 쓸 수가 있었습니다. 하나님의 아들 예수 그리스도의 복음이란 신약성경에서 성부 하나님께서 성자이신 예수님의 삶과 죽음, 그리고 부활을 통하여 모든 사람에게 구원을 베풀어 주신 기쁜 소식입니다. 이 말씀에 이어 출애굽기 23장 20절의 '내가 사자를 네 앞서 보내어 길에서 너를 보호하여 너를 내가 예비한 곳에

이르게 하리니'라는 말씀과 말라기 3장 1절의 '만군의 여호와가 이르노라 보라 내가 내 사자를 보내리니 그가 내 앞에서 길을 준비할 것이요 또 너희가 구하는 바 주가 갑자기 그의 성전에 임하시리니 곧 너희가 사모하는 바 언약의 사자가 임하실 것이라'는 말씀이 인용되며, 또한 이사야 40장 3절의 '외치는 자의 소리여 이르되 너희는 광야에서 여호와의 길을 예비하라 사막에서 우리 하나님의 대로를 평탄하게 하라'는 말씀이 인용됩니다. 이는 구약의 선민인 이스라엘 민족의 심령을 먼저 준비시키기 위한 세례 요한의 사역에 관한 예언의 말씀들입니다. 이는 또한 사람들의 타락하고 부패한 심령을 돌이켜 오실 예수님을 영접하도록 하는 그의 회개의 사역을 의미합니다. 이것이 바로 불의와 죄악으로 삐 뚫어져 있는 심령들이 회개함으로써 예수 그리스도를 받아드릴 수 있도록 예비하는 세례 요한의 사역입니다. 구약에 이 같이 기록된 것과 같이 실제로 세례 요한이 광야에 이르러 죄 사함을 받게 하는 회개의 세례를 전파합니다. 이에 온 유대 지방과 예루살렘 사람이 다 나아가 자기 죄를 자복하고 요단 강에서 세례 요한에게 세례를 받습니다.

---

2 내 뒤에 오시는 이
성령으로 세례를 베푸시리라

마가복음 1 : 6-8

요한은 낙타털 옷을 입고 허리에 가죽 띠를 띠고 메뚜기와 석청을 먹더라 그가 전파하여 이르되 나보다 능력 많으신 이가 내 뒤에 오시나니 나는 굽혀 그의 신발끈을 풀기도 감당하지 못하겠노라 나는 너희에게 물로 세례를 베풀었거니와 그는 너희에게 성령으로 세례를 베푸시리라

기도 요점

오실 주의 길을 예비하는 사역을 준비하는 세례 요한의 증언 중 나보다 능력 많으신 이가 내 뒤에 오신다는 증언과 '나는 굽혀 그의 신발끈을 풀기도 감당하지 못하겠노라'는 증언 을 하였는데, 이 두 증언들의 의미는? 또한 '나는 너희에게 물로 세례를 베풀었거니와 그는 너희에게 성령으로 세례를 베푸시리라'는 증언을 하였는데, 이 증언의 의미는?

도움의 말

세례 요한은 길게 늘어진 약대 털로 짠 옷을 입고 활동하기 편하게 허리에 가죽 띠를 띠고 메뚜기와 석청을 먹으면서 주의 길을 예비합니다. 레위기 11장 22절에 보면 메뚜기는 하나님께서 먹으라고 혀용 하신 곤충 가운데 하나인데, 당시 고대 근동 지방에서 메뚜기는 가난한 사람들이나 자연재해로 소출이 줄어든 해에 먹는 일종의 대용식품이었다고 합니다. 그리고 세례요한이 먹은 석청은 당시 팔레스틴 광야에서 달기로 유명한 야생의 꿀이라 합니다. 이 같이 세례요한은 절제와 금욕을 지향하는 삶을 살면서 그의 뒤에 오시는 이, 즉 예수님에 관하여 세 가지를 전파합니다. 첫째는 내 뒤에 오시는 예수님은 세례요한 자기보다 능력 많으신 이라고 전파합니다. 당시 광야에 모인

온 유대백성들 사이에 세례요한이 능력이 많은 자라는 소문으로 어떤 이들은 그가 혹시 오실 그리스도인가 하여 네가 누구냐고 질문하였던 바가 있습니다. 이 질문에 세례요한은 나는 그리스도가 아니라고 증언하면서 선지자 이사야의 말과 같이 주의 길을 곧게 하라고 광야에서 외치는 자의 소리라고 대답한 바 있습니다. 그렇기에 탄생에서 뿐만 아니라 공생애 사역의 시작에 있어서 예수님은 세례 요한보다 뒤에 오셨지만 그는 예수님과 자기 자신 사이에는 능력에 있어서 무한과 유한의 차이가 있으며 빛에 있어서도 태양의 본래 빛과 달의 반사광 같은 치아가 있다는 것을 증언합니다. 둘째는 세례요한 자신은 굽혀 예수님의 신발 끈을 풀기도 감당하지 못한다고 전파합니다. 당시 주인이 여행 갔다가 집으로 돌아오면 종이 그의 더러워진 신발 끈을 풀어 신을 벗기고 물을 떠다가 발을 씻겨 주는 관습이 있었는데, 그는 자신과 예수님의 관계를 당시 관습인 종과 주인 사이의 관계로 비유하여 증언하고 있습니다. 이와 같은 비유를 통하여 세례요한은 오실 메시야 이신 예수께서는 영원 전부터 살아계신 하나님의 아들이시며 이 땅에 오셔서 모든 사람의 죄를 대속하시어 하나님의 구속사역을 이루시고 영원히 찬송 받으실 분이심을 증언합니다. 셋째는 세례요한 자신은 사람들에게 물로 세례를 베풀었거니와 예수님은 성령으로 세례를 베푸시리라고 전파합니다. 여기서 물과 성령은 세례요한과 예수님의 권위가 본질적으로 다르다는 증언입니다. 세례요한이 물로 세례를 베푼다는 것은 성령 세례의 예비적 단계로서 외적으로 물을 통한 세례인 것에 비하여 예수께서는 내적으로 사람의 영혼의 중생과 사죄의 은총을 입게 하시려 성령을 통하여 그의 심령에 세례를 베푸신다는 증언입니다.

3 세례 받으시는 예수님

마가복음 1 : 9-11
그 때에 예수께서 갈릴리 나사렛으로부터 와서 요단 강에서 요한에게 세례를 받으시고 곧 물에서 올라오실새 하늘이 갈라짐과 성령이 비둘기 같이 자기에게 내려오심을 보시더니 하늘로부터 소리가 나기를 너는 내 사랑하는 아들이라 내가 너를 기뻐하노라 하시니라

기도 요점
예수께서 요단강에서 세례 요한에게 세례를 받으시고 물에서 올라오실 때 일어난 현상은? 그리고 그 때 예수께서 보신 것은? 또한 그 때 예수께서 들으신 음성은?

도움의 말
세례 요한이 주의 길을 예비하는 사역을 하고 있는 그 때에 예수께서 갈릴리 나사렛으로부터 오시어 요단 강에서 그에게 세례를 받으십니다. 요한에게 세례 받으신 예수님은 당시 그에 의하여 성령으로 세례를 베푸실 것이라고 예고하셨던 바 있습니다. 이 같은 예수께서 세례 받으시고 물에서 올라오시는데, 하늘이 갈라지는 것을 보시는데, 이는 이사야 64장 1절, '원하건대 주는 하늘을 가르고 강림하시고 주 앞에서 산들이 진동하기를'라는 말씀에서 예언된 바 있습니다. 그리고 이어서 세례 받으신 예수께서 성령이 비둘기 같이 자기에게 내려오심을 보십니다. 이는 이사야 61장 1절에서 '주 여호와의 영이 내게 내리셨으니 이는 여호와께서 내게 기름을 부으사 가난한 자에게 아름다운 소식을 전하게 하려 하심이라 나를 보내사 마음이 상한 자를 고치며 포로된 자에게 자유를, 갇힌 자에게 놓임을 선포하며'라고 예언된 바 있습니다. 이와 같이하여 예수님의 공생애 시작 즉 그리스도 예수님의 사역에 앞서서 성

령이 비둘기 같이 예수님께 내려오십니다. 이때 하늘로부터 소리가 나기를 너는 내 사랑하는 아들이라 내가 너를 기뻐 하노라는 하나님의 거룩하신 음성을 들으십니다.

4 시험을 받으시는 예수님

마가복음 1 : 12-13
성령이 곧 예수를 광야로 몰아내신지라 광야에서 사십 일을 계시면서 사탄에게 시험을 받으시며 들짐승과 함께 계시니 천사들이 수종들더라

기도 요점
세례 받으신 후 성령이 곧 예수님을 광야로 몰아내신지라 광야에서 사십일을 계시면서 사탄에게 시험을 받으시는데, 이 시험이 의미하는 바는? 광야에서 사십 일을 시험받으시며 들짐승과 함께 계시니 천사들이 수종을 들었는데, 이 말씀의 의미는?

도움의 말
예수께서 세례를 받으신 후 성령이 곧 예수를 광야로 몰아내십니다. 이 같이하여 예수께서는 성령의 강한 인도하심에 따라 순종하시며 광야에서 사십일을 지내십니다. 광야에서의 40일은 구약에서 모세가 시내 산에서 십계명을 받을 때 머문 기간이었고, 엘리야가 호렙 산을 찾아 광야를 유랑한 기간이었는데, 이 기간은 그들의 사명 수행과 깊은 연관을 맺고 있습니다. 이런 관점에서 예수님의 광야에서의 40일간은 공생애 시작과 전 사역과 관련된 것으로서 이는 공적사역의 수행과 깊은 연관이 있습니다. 시험이란 일반적으로 두 가지 의미가 있는데, 하나는 인간을 실족하게 하는 유혹을 의미합니다. 다른 하나는 인간을 더 성숙하게 하는 하나님의 연단이라는 의미가 있습니다. 이러한 의미와 대비하여 광야에서의 예수님의 시험은 두 가지 의미가 있습니다. 하나는 예수께서 메시야이심을 방해하려는 사단의 유혹이며, 다른 하나는 우리 인간의 모범자이시며 우리 인간의 연약함을 담당하실 대제사장으로서의 역할을 공적으로 선언하려는 하나님의 뜻에 따른 시험입니다. 예수께서

이러한 시험을 광야에서 받으실 때 그곳에서 들짐승과 함께 계셨습니다. 이러한 시험을 받고 계시는 40일간 예수께서는 온전히 홀로 그 모든 시험을 감당하고 계시는데, 천사들이 수종을 듭니다. 이와 같이 광야에서의 시험을 승리하신 예수께서는 천사들의 수종을 받으시며 이 땅에 자신을 보내신 아버지 하나님의 뜻에 순종하여 하나님나라 복음사역을 시작하게 됩니다.

5 갈릴리에서 복음을 전파하시는 예수님

마가복음 1 : 14-15

요한이 잡힌 후 예수께서 갈릴리에 오셔서 하나님의 복음을 전파하여 이르시되 때가 찼고 하나님의 나라가 가까이 왔으니 회개하고 복음을 믿으라 하시더라

기도 요점

예수께서 갈릴리에서 복음을 전파하여 이르시되 때가 찼다고 하시는데, 이 말씀의 의미는? 하나님의 나라가 가까이 왔으니 회개하고 복음을 믿으라고 예수께서 선포하시는데, 여기서 선포된 말씀의 의미는?

도움의 말

세례 요한이 당시 종교지도자들과 헤롯의 군병들에 의하여 잡힌 후 예수께서 갈릴리에 오십니다. 그곳에서 예수님은 때가 찼고 하나님의 나라가 가까이 왔으니 회개하고 복음을 믿으라고 전파하십니다. 여기서 때가 찼다는 말씀은 하나님 아버지의 구원의 약속들이 성취되는 때가 찼다는 말씀인데, 이는 이사야 9장 1-2절, '전에 고통 받던 자들에게는 흑암이 없으리로다 옛적에는 여호와께서 스불론 땅과 납달리 땅이 멸시를 당하게 하셨더니 후에는 해변 길과 요단 저쪽 이방의 갈릴리를 영화롭게 하셨느니라 흑암에 행하던 백성이 큰 빛을 보고 사망의 그늘진 땅에 거주하던 자에게 빛이 비치도다.' 라는 말씀의 성취가 이르렀음을 알리는 선포입니다. 그리고 하나님의 나라가 가까이 왔다는 선포는 하나님의 절대적인 다스림과 초월적인 주권이 가까이 임하였다는 말씀인데, 이는 예수님의 복음전파와 이에 대한 가르침과 치유활동으로 하나님의 통치가 이 땅에 임하였음을 선포하는 말씀입니다. 예수께서는 하나님의 다스림이 임하도록 회개하고 복음을 믿으라 하시는데, 이는 세

례 요한이 광야에서 전파하였던 것과 동일합니다. 이런 의미에서 세례요한과 예수께서 선포하였던 하나님나라복음은 동일한 것으로써 세례요한은 예수 그리스도의 길을 예비한 사역을 하였던 것입니다. 여기서 회개하라는 것은 하나님 아버지와 단절된 관계의 회복을 위하여 마음과 생활의 근본적인 변화를 촉구하는 말씀입니다. 이런 의미의 회개는 그리스도 예수께서 전파하시는 복음을 믿는 믿음이 뒤따르게 합니다.

6 네 죄 사함을 받았느니라

마가복음 2 : 1-5

 수 일 후에 예수께서 다시 가버나움에 들어가시니 집에 계시다는 소문이 들린지라 많은 사람이 모여서 문 앞까지도 들어설 자리가 없게 되었는데 예수께서 그들에게 도를 말씀하시더니 사람들이 한 중풍병자를 네 사람에게 메워 가지고 예수께로 올새 무리들 때문에 예수께 데려갈 수 없으므로 그 계신 곳의 지붕을 뜯어 구멍을 내고 중풍병자가 누운 상을 달아 내리니 예수께서 그들의 믿음을 보시고 중풍병자에게 이르시되 작은 자야 네 죄 사함을 받았느니라 하시니

기도 요점

 사람들이 한 중풍병자를 네 사람에게 메워 가지고 예수께로 왔는데, 무리들 때문에 예수께 데려갈 수 없으므로 그 계신 곳의 지붕을 뜯어 구멍을 내고 중풍병자가 누운 상을 달아 내리는 당시 상황을 상상해 보십시오. 이 같은 과정을 거쳐 예수께로 온 침상에 누운 중풍병자와 그를 메고 온 네 사람들의 믿음을 보시고 예수께서 중풍병자에게 작은 자야 네 죄 사함을 받았느니라 선포하시며 치유하시는데, 그에게 선포하신 그 말씀의 의미는?

도움의 말

 예수께서는 수 일 동안 갈릴리의 여러 지방을 다니시면 복음 전파를 하신 후에 다시 가버나움에 들어가십니다. 가버나움에 오시어 예수께서 집에 계시다는 소문이 들린지라 많은 사람이 모여서 문 앞까지도 들어설 자리가 없게 되었습니다. 집에서 그들에게 예수께서는 도를 말씀하고 계시는데, 이는 하나님나라의 복음을 가르치는 것을 의미합니다. 바로 이곳으로 사람들이 침상에 누운 한 중풍병자를 네 사람에게 메워 가지고 예수께로 데리고 왔습니다.

그런데 무리들 때문에 예수께로 데려갈 수가 없었습니다. 그러자 중풍병자를 침상에 뉘고 네 사람이 그 침상의 네 모퉁이를 메고 온 그들이 그 계신 곳의 지붕을 뜯어 구멍을 내고 중풍병자가 누운 상을 달아 내립니다. 여기서 우리는 그 병자를 향한 그들의 사랑과 예수께서 그를 치유할 수 있다는 그들의 믿음과 협력을 볼 수 있습니다. 이에 예수께서는 그 네 사람들과 그 병자의 믿음을 모두 보시고 그들에게 작은 자야 네 죄 사함을 받았느니 라고 하십니다. 당시 친근한 의미를 지닌 작은 자라고 그 병자를 호칭하시면서 예수께서는 육신의 병의 치유를 위하여 온 그에게 영혼의 죄 사함을 선포하십니다. 이는 육신의 병을 포함한 모든 질고가 하나님에게서 떠남으로 말미암은 우리 인간의 실존에 기인되었음을 함께 선포하신 말씀입니다.

---

7 인자가 땅에서 죄 사하는 권세가 있는 줄을 알게 하려 하노라

마가복음 2 : 6-12

어떤 서기관들이 거기 앉아서 마음에 생각하기를 이 사람이 어찌 이렇게 말하는가 신성모독이로다 오직 하나님 한 분 외에는 누가 능히 죄를 사하겠느냐 그들이 속으로 이렇게 생각하는 줄을 예수께서 곧 중심에 아시고 이르시되 어찌하여 이것을 마음에 생각하느냐 중풍병자에게 네 죄 사함을 받았느니라 하는 말과 일어나 네 상을 가지고 걸어가라 하는 말 중에서 어느 것이 쉽겠느냐 그러나 인자가 땅에서 죄를 사하는 권세가 있는 줄을 너희로 알게 하려 하노라 하시고 중풍병자에게 말씀하시되 내가 네게 이르노니 일어나 네 상을 가지고 집으로 가라 하시니 그가 일어나 곧 상을 가지고 모든 사람 앞에서 나가거늘 그들이 다 놀라 하나님께 영광을 돌리며 이르되 우리가 이런 일을 도무지 보지 못하였다 하더라

기도 요점

예수께서 중풍병자에게 작은 자야 네 죄 사함을 받았다는 말씀을 하실 때 그 자리에 바리새인들이 앉아 있었는데, 그들은 마음속으로 이 사람이 어찌 이렇게 말하는가 신성모독이라 오직 하나님 한 분 외에는 누가 능히 죄를 사하겠느냐 라는 생각을 합니다. 이 같은 반응을 그들이 하게 된 까닭은? 예수께서 인자가 땅에서 죄를 사하는 권세가 있는 줄을 너희로 알게 하려 하노라 하시고 중풍병자에게 말씀하시되 내가 네게 이르노니 일어나 네 상을 가지고 집으로 가라 하시니 그가 일어나 곧 상을 가지고 모든 사람 앞에서 나가는데, 이를 본 그곳 사람들의 반응은?

도움의 말

　예수께서 중풍병자에게 작은 자야 네 죄 사함을 받았다는 말씀을 하실 때 그 자리에 바리새인들이 앉아 있었습니다. 이 말씀을 듣고 그들은 마음속으로 이 사람이 어찌 이렇게 말하는가 신성모독이라 오직 하나님 한 분 외에는 누가 능히 죄를 사하겠느냐 라는 생각을 합니다. 그들의 입장에서 갈릴리의 목수 가문의 출신인 예수께서 중풍병자에게 네 죄 사함을 받았다고 말하는 것은 신성모독인 것이 분명합니다. 왜냐하면 그들은 예수님을 하나님의 아들이 아니라 단순히 그들과 같은 인간으로 보고 있기 때문입니다. 예수께서는 그들이 속으로 이렇게 생각하는 줄을 아시고 이르시기를 어찌하여 이것을 마음에 생각하느냐 하시며 중풍병자에게 네 죄 사함을 받았느니라 하는 말과 일어나 네 상을 가지고 걸어가라 하는 말 중에서 어느 것이 쉽겠느냐고 하십니다. 그리고 이어서 예수님은 그렇지만 인자가 땅에서 죄를 사하는 권세가 있는 줄을 너희로 알게 하려 한다고 하시면서 중풍병자에게 내가 네게 이르노니 일어나 네 상을 가지고 집으로 가라 하십니다. 그러자 그가 곧 상을 가지고 모든 사람 앞에서 나갑니다. 이와 같이하여 예수께서는 죄 사하는 권위와 능력을 말씀으로 선포하시어 그를 치유하심으로 이를 그 모든 사람이 다 알게 됩니다. 이를 다 지켜보고 있었던 그들이 다 놀라 하나님께 영광을 돌리며 이르기를 우리가 이런 일을 도무지 보지 못하였다 합니다.

8 레위를 부르시는 예수님

마가복음 2 : 13-17

 예수께서 다시 바닷가에 나가시매 큰 무리가 나왔거늘 예수께서 그들을 가르치시니라 또 지나가시다가 알패오의 아들 레위가 세관에 앉아 있는 것을 보시고 그에게 이르시되 나를 따르라 하시니 일어나 따르니라 그의 집에 앉아 잡수실 때에 많은 세리와 죄인들이 예수와 그의 제자들과 함께 앉았으니 이는 그러한 사람들이 많이 있어서 예수를 따름이러라 바리새인의 서기관들이 예수께서 죄인 및 세리들과 함께 잡수시는 것을 보고 그의 제자들에게 이르되 어찌하여 세리 및 죄인들과 함께 먹는가 예수께서 들으시고 그들에게 이르시되 건강한 자에게는 의사가 쓸 데 없고 병든 자에게라야 쓸 데 있느니라 나는 의인을 부르러 온 것이 아니요 죄인을 부르러 왔노라 하시니라

기도 요점

 예수께서 세관에 앉아 있는 레위를 부르시니 그가 일어나 따르는 당시 상황을 상상해 보십시오. 레위 집에 앉아 예수께서 많은 세리와 죄인들, 그리고 제자들과 함께 잡수시는 것을 본 바리새파의 서기관들이 어찌하여 죄인과 세리들과 함께 먹는가 라는 질문을 제자들에게 하는 것을 보신 예수께서 그들에게 이르신 말씀은 무엇이며, 그 말씀의 의미는?

도움의 말

 예수께서 다시 바닷가에 나가시니 큰 무리가 나아옵니다. 이에 예수께서 그들을 가르치시고 또 지나가시다가 알패오의 아들 레위가 세관에 앉아 있는 것을 보십니다. 레위가 세를 징수하는 곳에 있는 것을 예수께서 보셨다는 말씀으로 보아 그는 세리였던 것으로 봅니다. 당시 세리는 두 계층이 있었다고 합니다. 하나는 수입세와 인두세를 수거하는 관리이며 다른 하나는 교량이나

운하, 그리고 국도에서 통과 세를 수거하는 관리였다고 합니다. 당시 후자에 속한 관리는 유대인들로부터 경멸과 증오를 받는 죄인의 그룹에 속하였다고 합니다. 그런데 예수께서는 이러한 세리 레위에게 나를 따르라고 하신 것입니다. 예수님의 부르심을 입은 그가 곧 일어나 따릅니다. 당시 레위의 직업은 도덕적 혹은 인격적 모독을 받았지만 짧은 시간에 많은 돈을 벌 수 있다는 측면에서는 선망의 대상이었다고 합니다. 그런데도 불구하고 레위는 예수님의 부르심에 흔쾌히 그의 직업을 버리고 뒤따릅니다. 이러한 레위의 집에 예수께서 앉아 잡수실 때에 많은 세리와 죄인들이 제자들과 함께 앉았습니다. 이는 이러한 사람들이 많이 있어서 예수를 따르는 것을 의미하는데, 이때 바리새인의 서기관들이 예수께서 죄인 및 세리들과 함께 잡수시는 것을 봅니다. 이 같이 세리와 죄인들과 함께 한 공동식사는 당시 인습으로는 인정받지 못하는 광경입니다. 그렇기 때문에 이를 본 바리새인의 서기관들이 예수님의 제자들에게 어찌하여 세리 및 죄인들과 함께 먹는 가라고 묻습니다. 당시 바리새파 유대인들은 평민계층의 종교집단으로 율법과 유전을 철저히 지키는 이들로서 특히 율법을 문자적으로 지키지 않는 자들에 대하여 극히 배타적이므로 정죄를 잘 하였다고 합니다. 이러한 특성을 가진 바리새파의 서기관들의 정죄하는 말을 들으신 예수께서 그들에게 두 가지를 말씀하십니다. 하나는 건강한 자에게는 의사가 쓸 데 없고 병든 자 에게라야 쓸 데 있다는 말씀입니다. 이는 당시 팔레스틴 지역에서 유행하였던 격언인데, 예수께서는 이 격언을 통하여 예수님 자신의 성육신의 목적을 선언하십니다. 예수께서 사용하신 이 격언에서 건강한 자란 다른 사람으로부터 종교적 도움이 필요하지 않다고 말하는 종교적 교만 자 특히 예수님의 치유를 거부하며 스스로 건강한 자라고 말하는 바리새인들과 같은 이들을 지칭합니다. 다른 하나는 예수님은 의인을 부르러 온 것이 아니요 죄인을 부르러 오셨다는 말씀입니다. 예수께서 이 땅에 오신 것은 자기 의를 추구하는 의인을 부르는 온 것이 아닙니다. 이러한 사람은 예수님이 필요하지 않은 사람입니다. 예수께서는 다른 사람의 도움이 절실하여 치유자이시며 죄를 사하여 주시는 예수께 자신을 온전히 의탁하는 병든 자와 죄인을 부르러 오신 것입니다.

9 어찌 당신의 제자들은 금식하지 아니하니까

마가복음 2 : 18-22

  요한의 제자들과 바리새인들이 금식하고 있는지라 사람들이 예수께 와서 말하되 요한의 제자들과 바리새인의 제자들은 금식하는데 어찌하여 당신의 제자들은 금식하지 아니하나이까 예수께서 그들에게 이르시되 혼인 집 손님들이 신랑과 함께 있을 때에 금식할 수 있느냐 신랑과 함께 있을 동안에는 금식할 수 없느니라 그러나 신랑을 빼앗길 날이 이르리니 그 날에는 금식할 것이니라 생베 조각을 낡은 옷에 붙이는 자가 없나니 만일 그렇게 하면 기운 새 것이 낡은 그것을 당기어 해어짐이 더하게 되느니라 새 포도주를 낡은 가죽 부대에 넣는 자가 없나니 만일 그렇게 하면 새 포도주가 부대를 터뜨려 포도주와 부대를 버리게 되리라 오직 새 포도주는 새 부대에 넣느니라 하시니라

기도 요점

  요한의 제자들과 바리새인들이 예수께 와서 그들의 제자들은 금식하는데 어찌하여 당신의 제자들은 금식하지 않느냐는 그들의 질문에 대한 예수님의 대답 가운데, 예수께서 혼인 집 손님들이 신랑과 함께 있을 때에 금식할 수 있느냐 신랑과 함께 있을 동안에는 금식할 수 없느니라 그러나 신랑을 빼앗길 날이 이르리니 그 날에는 금식할 것이라고 말씀하시는데, 이 말씀의 의미는? 이 외에 예수께서 두 가지 비유를 더 말씀하시는데, 그 비유들은 무엇이며, 또한 그것들의 의미는?

도움의 말

  요한의 제자들과 바리새인들이 금식하고 있었는데 사람들이 예수께 옵니다. 그들이 와서 예수님께 말하기를 요한의 제자들과 바리새인의 제자들은

금식하는데 어찌하여 당신의 제자들은 금식하지 아니하느냐고 묻습니다. 이 질문의 배경은 예수님과 그의 제자들, 세리와 죄인들이 함께 참여하였던 세리 레위가 베풀었던 잔치가 바로 전통적으로 유대인들이 지키는 금식 일에 베풀어졌기에 이 같은 질문이 나온 것으로 봅니다. 이에 예수께서 그들에게 이르시기를 혼인 집 손님들이 신랑과 함께 있을 때에 금식할 수 있느냐 신랑과 함께 있을 동안에는 금식할 수 없다고 말씀하십니다. 그리고 이어서 예수께서는 그러나 신랑을 빼앗길 날이 이르리니 그 날에는 금식할 것이라고 이 비유를 통하여 말씀하십니다. 이는 예수님과 함께 있을 동안에 누리는 제자들의 기쁨을 혼인집 잔치에 비유한 것으로서 예수님은 그 잔치의 신랑으로, 혼인 집 손님들은 예수님의 제자들을 상징합니다. 예수께서 이 비유를 통하여 제자들이 예수님과 함께 있을 동안 천국 잔치의 기쁨을 누리는 것이 당연하다고 그들에게 이르십니다. 그러나 그 잔치의 주역인 예수님을 제자들이 빼앗기는 그 날에는 그들이 금식할 것이라고 말씀하시며 두 가지 비유를 그들에게 더 말씀하십니다. 하나는 생베 조각을 낡은 옷에 붙이는 자가 없나니 만일 그렇게 하면 기운 새 것이 낡은 그것을 당기어 해어짐이 더하게 된다는 비유입니다. 여기서 생베조각은 예수께서 이 땅에 오시어 도래된 천국복음을 가리킵니다. 생베조각은 표백하지 않았고 제단하지 않았으며 또한 사람의 손을 거치지 않았으므로 생생한 천연 그대로의 천입니다. 그리고 낡은 옷은 형식을 위주로 하는 유대주의를 상징하는데, 이는 닳아서 쉽게 찢어지는 낡은 천이므로 이를 생베조각 같이 생명력이 왕성한 예수님의 새로운 복음에 붙이면 그 헤어짐이 더 할 것이라는 비유입니다. 그렇기 때문에 예수님은 주께서 선포하시고 가르치시는 천국복음이 바리새인들의 옛 율법주의와 절대로 합쳐질 수가 없다고 이 비유를 통하여 말씀하십니다. 다른 하나는 새 포도주를 낡은 가죽 부대에 넣는 자가 없나니 만일 그렇게 하면 새 포도주가 부대를 터뜨려 포도주와 부대를 버리게 되므로 오직 새 포도주는 새 부대에 넣는다는 비유입니다. 당시 팔레스틴에서는 물이나 포도주를 염소 가죽 부대에 보관하여 이동 중에 먹었는데, 새 가죽부대는 유연하여 덜 발효된 포도주를 넣어도 신축성이 있어서 터지지 않지만, 낡아 신축성이 약한 낡은 가죽부대는 포도주에서 발효된 가스로 인하여 떠지기 때문에 포도주와 가죽부대 모두를 잃게 됩니다. 그러므로 새 포도주를 낡은 가죽부대에 넣은 것은 포도주와 가죽부대 둘다 잃을 수 밖에 없으므로 유대주의 사고와 생활양식에 생명력이 왕성하고 역동적인 예수님의 천국복음을 담는 것은 불가능하다고 예수께서 이 비유를 통하여 말씀 하십니다.

10 우리는 하나님의 동역자들

마가복음 2 : 23-27

안식일에 예수께서 밀밭 사이로 지나가실새 그의 제자들이 길을 열며 이삭을 자르니 바리새인들이 예수께 말하되 보시오 저들이 어찌하여 안식일에 하지 못할 일을 하나이까 예수께서 이르시되 다윗이 자기와 및 함께 한 자들이 먹을 것이 없어 시장할 때에 한 일을 읽지 못하였느냐 그가 아비아달 대제사장 때에 하나님의 전에 들어가서 제사장 외에는 먹어서는 안 되는 진설병을 먹고 함께 한 자들에게도 주지 아니하였느냐 또 이르시되 안식일이 사람을 위하여 있는 것이요 사람이 안식일을 위하여 있는 것이 아니니 이러므로 인자는 안식일에도 주인이니라

기도 요점

안식일에 예수께서 밀밭 사이로 지나가실 새 그의 제자들이 길을 열며 이삭을 자르니 바리새인들이 예수께 말하되 보시오 저들이 어찌하여 안식일에 하지 못할 일을 하나이까 라고 말하는데, 이 말에 대한 예수님의 대답고 그 대답의 의미? 예수께서 인자는 안식에도 주인이니라 말씀하시는데, 이 말씀을 하시게 된 배경과 이 말씀의 의미?

도움의 말

안식일에 예수께서 밀밭 사이로 지나가시는데, 그의 제자들이 길을 열며 이삭을 자릅니다. 이를 본 바리새인들이 예수께 말하기를 보시오 저들이 어찌하여 안식일에 하지 못할 일을 하느냐고 이릅니다. 이는 안식일에 이삭 자르는 제자들의 행위는 바로 율법을 범하는 죄 된 행위라는 지적입니다. 그러나 신명기 23장 25절에 보면, 네 이웃의 곡식밭에 들어갈 때에 네가 손으로 그 이삭을 따도 가하지만 그러나 네 이웃의 곡식밭에 낫을 대지는 말라 규정되

어 있습니다. 그러나 안식일에 예수님과 그 제자들이 밀밭에서 한 행위가 의식적 율법준수를 중요시하는 그들에게 있어서는 용납되지 않는 것이었습니다. 이에 예수께서는 두 가지 말씀으로 그들에게 대답하여 주십니다. 하나는 다윗이 자기와 및 함께 한 자들이 먹을 것이 없어 시장할 때에 한 일, 즉 그가 아비아달 대제사장 때에 하나님의 전에 들어가서 제사장 외에는 먹어서는 안 되는 진설병을 먹고 함께 한 자들에게도 주었던 것을 말씀해 주십니다. 매 안식일에 새로운 떡을 성소에 들이어 이전 떡과 교체하였고, 그 교체된 떡을 제사장들이 먹게 되어 있었지만 배고픈 다윗 일행이 그 떡을 먹은 것은 율법을 범한 행위였습니다. 그러나 그럼에도 불구하고 다윗의 이 같은 행위가 구약에서 정죄 받지 않았습니다. 이는 사람의 배 고픔은 종교적 의식보다 상위에 있다는 말씀을 주께서 하신 것입니다. 다른 하나는 안식일이 사람을 위하여 있는 것이요 사람이 안식일을 위하여 있는 것이 아니라는 말씀입니다. 여기서 예수께서는 안식일이란 안식일 그 자체를 위하여 창조된 것이 아니며, 이는 인간에게 주신 하나님의 선물이라는 말씀입니다. 안식일은 우리 인간이 노동으로부터의 안식과 더불어 하나님께 예배드리기 위하여 제정된 것임을 예수께서 밝히십니다. 그런데 당시 유대교는 인간의 생활 전부를 그들의 안식일의 규정에 얽매어 놓음으로써 편협 된 율법주의에 빠지게 된 것입니다. 그리하여 예수께서는 인자는 안식일에도 주인이라고 말씀하십니다. 이는 예수님의 뜻에 따라 안식일이 새롭게 규명될 것이라는 말씀입니다.

11 네 손을 내밀라

마가복음 3 : 1-5

예수께서 다시 회당에 들어가시니 한쪽 손 마른 사람이 거기 있는지라 사람들이 예수를 고발하려 하여 안식일에 그 사람을 고치시는가 주시하고 있거늘 예수께서 손 마른 사람에게 이르시되 한 가운데에 일어서라 하시고 그들에게 이르시되 안식일에 선을 행하는 것과 악을 행하는 것, 생명을 구하는 것과 죽이는 것, 어느 것이 옳으냐 하시니 그들이 잠잠하거늘 그들의 마음이 완악함을 탄식하사 노하심으로 그들을 둘러보시고 그 사람에게 이르시되 네 손을 내밀라 하시니 내밀매 그 손이 회복되었더라

기도 요점

예수께서 다시 회당에 들어가시어 한쪽 손 마른 사람이 거기 있었는데, 사람들이 예수를 고발하려 하여 안식일에 그 사람을 고치시는 가를 주시하고 있었습니다. 그러나 그럼에도 불구하고 예수께서 손 마른 사람에게 이르시되 한 가운데에 일어서라 하시면서. 고소할 거리를 찾으려고 이를 지켜본 사람들에게 예수께서 하신 말씀과 그 말씀의 의미는?

도움의 말

예수께서 다시 회당에 들어가시니 한쪽 손 마른 사람이 거기 있습니다. 당시 회당은 지방 법정 역할까지도 수행하였다고 합니다. 거기서 사람들이 예수를 고발하려 하여 안식일에 그 사람을 고치시는 가를 주시하고 있었습니다. 당시 안식일 규정에 세밀한 조항까지 만들어가면서 안식일 준수를 강조하였으므로 그들은 예수님에 대하여 고소할 것을 찾으려 안식일에 그 병자를 어떻게 하실 것인가를 면밀히 주시하고 있었습니다. 이를 다 아시는 예수께서 손 마른 사람에게 이르시기를 한 가운데에 일어서라 하시고 그들에게 안

식일에 선을 행하는 것과 악을 행하는 것, 생명을 구하는 것과 죽이는 것, 어느 것이 옳으냐고 물으십니다. 이 질문에는 천지를 창조하신 하나님의 권능을 높이고 찬양하면서 창조주 하나님께 예배드리며 또한 우리 인간의 참 평안과 안식을 누리는 거룩한 날인 안식일에 선을 행하며 생명을 구하는 것이 당연하다는 말씀이 내포되어 있습니다. 이 같은 예수님의 질문에 그들이 잠잠합니다. 그러자 예수께서는 그들의 마음이 진리이신 예수님을 받아들일 수 없을 뿐만 아니라 올바른 행동이 무엇인가를 선택할 수도 없는 그들의 완고함을 보시고 근심으로 탄식하시며 노하시는데, 여기서 우리는 하나님을 떠나 죄 가운데 있는 우리 인간의 한계와 이로 인한 아픔으로부터 우리를 구속하시기 위하여 이 땅에 오신 예수님의 미음을 감지할 수 있습니다. 예수께서 완악한 그들을 둘러보시고 손 마른 사람에게 네 손을 내밀라 하십니다. 예수께서는 오로지 말씀만으로 손 마른 병자에게 네 손을 내밀라 하시니 이에 그가 순종하여 손을 내밀자 그 손이 회복되었습니다.

12 많은 무리를 고치시는 예수님

마가복음 3 : 6-12

 바리새인들이 나가서 곧 헤롯당과 함께 어떻게 하여 예수를 죽일까 의논하니라 많은 무리가 나아오다 예수께서 제자들과 함께 바다로 물러가시니 갈릴리에서 큰 무리가 따르며 유대와 예루살렘과 이두매와 요단 강 건너편과 또 두로와 시돈 근처에서 많은 무리가 그가 하신 큰 일을 듣고 나아오는지라 예수께서 무리가 에워싸 미는 것을 피하기 위하여 작은 배를 대기하도록 제자들에게 명하셨으니 이는 많은 사람을 고치셨으므로 병으로 고생하는 자들이 예수를 만지고자 하여 몰려왔음이더라 더러운 귀신들도 어느 때든지 예수를 보면 그 앞에 엎드려 부르짖어 이르되 당신은 하나님의 아들이니이다 하니 예수께서 자기를 나타내지 말라고 많이 경고하시니라

기도 요점

 예수께서 안식일에 손 마른 병자를 고치신 것을 본 바리새인들이 헤롯당과 함께 예수님을 죽이려는 모의를 하는 당시 상황을 상상해 보십시오. 예수님을 죽이려는 모의를 하고 있는 그 때에 사방에서 예수의 소문을 듣고 몰려온 병자무리들을 고치시며, 이 과정에서 귀신들린 이가 예수님을 보고 하나님의 아들이라고 외치는 당시 상황을 상상해 보십시오.

도움의 말

 안식일에 예수께서 손 마른 사람을 치유하는 것을 본 바리새인들이 나가서 곧 헤롯당과 함께 어떻게 하여 예수를 죽일 수 있을 가를 의논합니다. 당시 헤롯당은 종교적 집단이기 보다는 헤롯 왕가의 부흥을 위하여 기존사회 및 종교적 질서와 법률을 고수하였던 집단이었다고 합니다. 한편 바리새인들은 외세를 배격하는 애국자이므로 평소엔 헤롯당과 잘 지낼 수 없는 관계였지

만, 예수님을 제거하는 일에는 서로 합세하는 상황이었습니다. 이 때 예수께서는 제자들과 함께 바다로 물러가시는데, 갈릴리에서 큰 무리가 따릅니다. 많은 무리들은 가버나움 근방 유대와 남쪽 지방의 예루살렘과 이두매와 동쪽 지방의 요단 강 건너편과 또 북서쪽 지방의 두로와 시돈 근처에서 예수께서 하신 큰 일을 듣고 나아 온 것입니다. 이에 예수께서 무리가 에워싸 미는 것을 피하기 위하여 작은 배를 대기하도록 제자들에게 명하십니다. 왜냐하면 예수께서 많은 사람을 고치셨으므로 병으로 고생하는 이들이 예수님을 만지고자 하여 몰려왔기 때문입니다. 이들은 병 고치는 기적의 소문을 듣고 예수님을 만져 병 고침을 받으려는 마음으로 밀려드는 것을 보시고 예수께서는 많은 이들을 고치십니다. 병든 사람들 가운데 더러운 귀신들도 어느 때든지 예수님을 보면 그 앞에 엎드려 부르짖기를 당신은 하나님의 아들이라 외칩니다. 이에 예수께서 자기를 나타내지 말라고 많이 경고하십니다.

13 제자 열둘을 세우신 목적

마가복음 3 : 13-19

또 산에 오르사 자기가 원하는 자들을 부르시니 나아온지라 이에 열둘을 세우셨으니 이는 자기와 함께 있게 하시고 또 보내사 전도도 하며 귀신을 내쫓는 권능도 가지게 하려 하심이러라 이 열둘을 세우셨으니 시몬에게는 베드로란 이름을 더하셨고 또 세베대의 아들 야고보와 야고보의 형제 요한이니 이 둘에게는 보아너게 곧 우레의 아들이란 이름을 더하셨으며 또 안드레와 빌립과 바돌로매와 마태와 도마와 알패오의 아들 야고보와 및 다대오와 가나나인 시몬이며 또 가룟 유다니 이는 예수를 판 자더라

기도 요점

예수께서 산에 오르시어 원하시는 자들을 부르시어 제자 열둘을 세우십니다. 그들을 택하시는 예수님의 기준은? 예수께서 열두 제자들을 세우신 목적은?

도움의 말

예수께서 산에 오르시어 원하시는 자들을 부르시어 열둘을 세우십니다. 오로지 예수님의 뜻과 계획에 따서 제자 열둘이 선택되는데, 그 목적은 두 가지입니다. 하나는 예수님과 함께 있게 하려는데 있습니다. 즉 그들은 하나님의 아들 예수님과 함께 있으면서 대화하고 배우는 가까운 관계를 위하여 택함을 받은 것입니다. 다른 하나는 그들을 보내시어 전도도 하며 귀신을 내쫓는 권능도 가지게 하려는데 있습니다. 그들은 예수님에 의하여 보냄을 받은 자로서 예수께서 선포하시고 가르치신 복음을 전하고 가르칠 뿐만 아니라 예수께서 지니신 권능으로 귀신을 내쫓는 권능을 가지게 하려고 택함을 받았습니다. 그들의 이름은 예수께서 시몬에게는 베드로란 이름을 더하셨고 또 세베대의 아들 야고보와 야고보의 형제 요한에게는 보아너게 곧 우레의 아들이란

이름을 더하셨습니다. 이외는 안드레와 빌립과 바돌로매와 마태와 도마와 알패오의 아들 야고보와 및 다대오와 가나나인 시몬이며 또 예수님을 판 가룟 유다입니다.

14 나라가 스스로 분쟁하면
그 나라가 설수 없도다

마가복음 3 : 20-26

집에 들어가시니 무리가 다시 모이므로 식사할 겨를도 없는지라 예수의 친족들이 듣고 그를 붙들러 나오니 이는 그가 미쳤다 함일러라 예루살렘에서 내려온 서기관들은 그가 바알세불이 지폈다 하며 또 귀신의 왕을 힘입어 귀신을 쫓아낸다 하니 예수께서 그들을 불러다가 비유로 말씀하시되 사탄이 어찌 사탄을 쫓아낼 수 있느냐 또 만일 나라가 스스로 분쟁하면 그 나라가 설 수 없고 만일 집이 스스로 분쟁하면 그 집이 설 수 없고 만일 사탄이 자기를 거슬러 일어나 분쟁하면 설 수 없고 망하느니라

기도 요점

예수께서 집에 들어가시니 무리가 다시 모이므로 식사할 겨를도 없었는데, 이 같은 현상에 대한 예수님 친척들의 반응은? 또한 이 같은 현상에 대한 예루살렘에서 내려온 서기관들의 비난은? 예수님을 비난하는 서기관들을 불러다가 예수께서 말씀해 주신 비유와 또한 그 비유의 의미는?

도움의 말

예수께서 집에 들어가시니 예수님의 관심과 치유를 원하는 무리가 다시 모이므로 식사할 겨를도 없으셨습니다. 이를 예수님의 친족들이 듣고 그를 붙들러 나오니 이는 그가 미쳤다함 일러라 하는데, 이는 다른 이들로부터 가족들이 들은 말인 것으로 봅니다. 그런데 예루살렘에서 내려온 서기관들은 예수께서 바알세불이 지폈다 하기도 하며 또한 귀신의 왕을 힘입어 귀신을 쫓아낸다고 비난합니다. 당시 유대인들에게 있어서 바알세불은 귀신들의 왕 곧 사탄을 지칭하는 용어였다고 합니다. 이런 의미에서 서기관들은 예수님을 곧

사단이라고 말하는 것이나 마찬가지입니다. 또한 어둠의 세력 가운데 최강자 또는 마귀들의 통치자란 의미인 귀신의 왕을 힘입어 귀신을 쫓아낸다고 서기관들이 예수님을 비난합니다. 이로 보아 그들의 이 같은 비난은 당시 예수님의 치유소문이 유대 온 지역에 다 퍼지어 산헤드린 공회의 종교지도자들의 관심을 모았다는 것을 드러내는 말이기도 합니다. 이에 예수께서 그들을 불러다가 비유로 말씀하시기를 사탄이 어찌 사탄을 쫓아낼 수 있느냐 또 만일 나라가 스스로 분쟁하면 그 나라가 설 수 없고 만일 집이 스스로 분쟁하면 그 집이 설 수 없고 만일 사탄이 자기를 거슬러 일어나 분쟁하면 설 수 없어 망한다고 이르십니다. 이는 어둠 세력의 통치자 사단이 자기 아래서 자기의 뜻을 실행하는 마귀들을 쫓아내지 않는다는 비유입니다. 만약 쫓아낸다면, 이는 스스로 분쟁하는 것이므로 자기 자신을 망하게 하는 일이 된다고 예수께서 이르십니다. 그렇기 때문에 예수께서 귀신을 쫓아내신 것은 귀신의 왕을 힘입어 쫓아낸 것이 아니라 사단의 적대자요 심판주로서의 권세와 능력으로 말미암은 치유사역임을 천명하십니다.

15 성령을 모독하는 자는
영원히 사하심을 얻지 못 하도다

마가복음 3 : 27-30

사람이 먼저 강한 자를 결박하지 않고는 그 강한 자의 집에 들어가 세간을 강탈하지 못하리니 결박한 후에야 그 집을 강탈하리라 내가 진실로 너희에게 이르노니 사람의 모든 죄와 모든 모독하는 일은 사하심을 얻되 누구든지 성령을 모독하는 자는 영원히 사하심을 얻지 못하고 영원한 죄가 되느니라 하시니 이는 그들이 말하기를 더러운 귀신이 들렸다 함이러라

기도 요점

예수께서 사람이 먼저 강한 자를 결박하지 않고는 그 강한 자의 집에 들어가 세간을 강탈하지 못하리니 결박한 후에야 그 집을 강탈하리라는 비유를 말씀하시는데, 이 비유가 의미하는 바는? 예수께서 사람의 모든 죄와 모든 모독하는 일은 사하심을 얻되 누구든지 성령을 모독하는 자는 영원히 사하심을 얻지 못하고 영원한 죄가 된다고 하시는데, 이 말씀의 의미는?

도움의 말

바로 앞 절에서 서기관들이 무리를 치유하시는 예수님을 향하여 바알세불이 지폈다 하며 또한 귀신의 왕을 힘입어 귀신을 쫓아낸다고 비난한 바 있었습니다. 이에 예수께서 서기관들에게 비유로 사람이 먼저 강한 자를 결박하지 않고는 그 강한 자의 집에 들어가 세간을 강탈하지 못한다고 이르십니다. 여기서 강한 자란 막강한 힘을 소유한 사단을 그리고 강한 자의 세간이란 사단이 소유하고 있는 마귀들 및 사단에게 고통을 입고 있는 존재 모두를 묘사합니다. 그리고 그 강한 자를 결박할 자란 사단을 멸하시고 하나님의 나라를 세우기 위하여 이 땅에 오신 예수 그리스도를 뜻합니다. 실제로 예수께서는

사단을 결박하여 멸할 뿐만 아니라 사단에 메여 고통당하는 사람들을 해방하시기 위하여 이 땅에 오셨으므로 하나님의 나라복음을 선포하고 가르치실 뿐만 아니라 귀신을 내쫓으시며 병자들의 치유를 통하여 사단의 세간을 강탈해 가고 계십니다. 이런 의미에서 예수께서는 그 사람이 강한 자를 결박한 후에야 그 집 세간을 강탈할 수 있다고 말씀하신 것입니다. 이 같은 의미의 비유를 이르신 후, 예수께서 내가 진실로 너희에게 이르노니 사람의 모든 죄와 모든 모독하는 일은 사하심을 얻을 수 있지만, 누구든지 성령을 모독하는 자는 영원히 사하심을 얻지 못하고 영원한 죄가 된다고 이르십니다. 이는 인간의 모든 죄는 예수님의 십자가 아래 용서받을 수 있지만 성령을 모독하는 죄는 용서받지 못한다는 선언입니다. 예수께서 이 같은 선언을 하시는 까닭은 성령의 능력으로 무리들을 치유하시는 예수님을 향하여 서기관들은 이를 사단의 능력에 의한 것이라고 말을 한 바 있었기 때문입니다.

16 누구든지 하나님의 뜻대로
행하는 자가 내 형제자매 어머니라

마가복음 3 : 31-35

그 때에 예수의 어머니와 동생들이 와서 밖에 서서 사람을 보내어 예수를 부르니 무리가 예수를 둘러 앉았다가 여짜오되 보소서 당신의 어머니와 동생들과 누이들이 밖에서 찾나이다 대답하시되 누가 내 어머니이며 동생들이냐 하시고 둘러앉은 자들을 보시며 이르시되 내 어머니와 내 동생들을 보라 누구든지 하나님의 뜻대로 행하는 자가 내 형제요 자매요 어머니이니라

기도 요점

나사렛에서 가버나움까지 예수님을 찾으로 온 가족들이 예수님께 와서 밖에 서서 사람을 보내어 예수님을 부른 까닭은? 무리가 예수님을 둘러앉았다가 예수님께 당신의 어머니와 동생들과 누이들이 밖에서 찾나이다 라고 여쭈었을 때, 이에 대한 예수님의 대답은?

도움의 말

예수께서 서기관들과 바알세불에 관한 논쟁을 하고 있는 그 때에 예수님의 어머니와 동생들이 나사렛에서 가버나움까지 와서 밖에 서서 사람을 보내어 예수님을 부릅니다. 그 까닭은 무리들이 제자들과 함께 예수님을 중심으로 꽉 둘러앉았으므로 예수님의 가족들이 예수께로 갈 수가 없었기 때문입니다. 그리하여 무리가 예수님을 둘러앉았다가 여짜오되 보소서 당신의 어머니와 동생들과 누이들이 밖에서 찾는다고 이릅니다. 이에 예수께서 누가 내 어머니이며 동생들이냐 하시면서 둘러앉은 자들을 보시면서 내 어머니와 내 동생들을 보라 하십니다. 그리고 이어서 예수께서는 누구든지 하나님의 뜻대로 행하는 자가 내 형제요 자매요 어머니이라고 이르십니다. 이 말씀은 하나님

께서 보내신 아들인 예수께서는 자신이 선포하고 가르치는 하나님의 나라복음을 듣고 믿을 뿐만 아니라 사람들 앞에서 공개적 결단을 하여 예수님을 따르며 전적으로 신뢰하는 그들을 향하여 하나님의 뜻대로 행하는 자라고 이르시면서 그들이 바로 내 형제자매이며 어머니이라고 말씀하십니다.

17 네 가지 땅에 떨어진 씨 비유

마가복음 4 : 1-9

 예수께서 다시 바닷가에서 가르치시니 큰 무리가 모여들거늘 예수께서 바다에 떠 있는 배에 올라앉으시고 온 무리는 바닷가 육지에 있더라 이에 예수께서 여러 가지를 비유로 가르치시니 그 가르치시는 중에 그들에게 이르시되 들으라 씨를 뿌리는 자가 뿌리러 나가서 뿌릴 새 더러는 길 가에 떨어지매 새들이 와서 먹어 버렸고 더러는 흙이 얕은 돌밭에 떨어지매 흙이 깊지 아니하므로 곧 싹이 나오나 해가 돋은 후에 타서 뿌리가 없으므로 말랐고 더러는 가시떨기에 떨어지매 가시가 자라 기운을 막으므로 결실하지 못하였고 더러는 좋은 땅에 떨어지매 자라 무성하여 결실하였으니 삼십 배나 육십 배나 백 배가 되었느니라 하시고 또 이르시되 들을 귀 있는 자는 들으라 하시니라

기도 요점

 예수께서 네 가지 땅에 떨어진 씨 비유를 무리들에게 가르치시는데, 이 비유에서 예수께서 의도하시는 바는? 이 비유에서 말하는 네 가지 땅에 떨어진 씨의 비유에서 각각의 땅에 떨어진 씨의 차이는?

도움의 말

 예수께서 다시 바닷가에서 가르치시는데, 큰 무리가 모여듭니다. 예수께서는 많은 사람들 때문에 바다에 떠 있는 배에 올라앉으시고 온 무리는 바닷가 육지에 있었습니다. 예수께서 여러 가지를 비유로 가르치십니다. 그 가르치시는 중에 예수님은 그들에게 네 가지 땅에 뿌려진 씨 비유를 말씀 하십니다. 씨를 뿌리는 자가 뿌리러 나가서 뿌리는데 씨가 네 가지 땅에 부려집니다. 여기서 '씨 뿌리는 자'는 예수님 자신을 상징하며, 네 가지 땅은 예수님의 하나님의 나라 복음을 듣고 반응하는 네 종류의 사람들을 상징합니다. 네 가지 땅

가운데 첫째는 씨가 길 가에 떨어지는 비유입니다. 길 가의 씨는 새들이 와서 먹어 버리게 되는데, 이는 예수님의 말씀과 가르침을 듣는 사람의 마음이 마치 단단한 길과 같아서 그 말씀이 그 사람의 마음의 밭에 들어갈 자리가 없다는 말씀입니다. 둘째는 씨가 흙이 얕은 돌밭에 떨어지므로 흙이 깊지 아니하여 곧 싹이 나오나 해가 돋은 후에 타서 뿌리가 없으니 말라 버립니다. 이는 돌밭의 씨는 뿌리가 깊지 못하므로 해가 돋으면 타서 말라버리는 것 같이 예수님의 말씀을 듣고 곧 반응을 하지만 마음에 깊이 뿌리를 내리지 못하므로 그가 들은 예수님의 말씀이 그의 삶에 영향력을 미치지 못합니다. 셋째는 씨가 가시떨기에 떨어지니 가시가 자라 기운을 막으므로 결실하지 못합니다. 팔레스틴에서는 밭 주위에 가시덤불이 많이 자라므로 곡식과 함께 자랄 경우가 있다고 합니다. 그렇기 때문에 가시떨기를 제거해야만 곡식이 성장할 수 있었다고 합니다. 이 비유는 사람의 마음의 밭에는 번식력이 강한 가시나무와 같은 요소로 억눌림을 당하는 사람에게 있어서 예수님의 말씀과 가르침이 그의 마음 밭에 있지만 결국은 열매를 맺지 못합니다. 넷째는 씨가 좋은 땅에 떨어지니 자라 무성하여 결실하여 삼십 배나 육십 배나 백 배가 되는데, 이는 예수님의 말씀을 들은 사람의 마음 밭이 옥토이므로 그 말씀의 씨의 왕성한 생명력으로 인하여 엄청난 결실을 맺게 됩니다. 이 같이 네 가지 땅에 뿌려진 씨의 비유를 말씀하신 후 예수께서 그들을 향하여 들을 귀 있는 자는 들으라 하십니다.

18 예수께서 비유로 가르치시는 이유

마가복음 4 : 10-12

예수께서 홀로 계실 때에 함께 한 사람들이 열두 제자와 더불어 그 비유들에 대하여 물으니 이르시되 하나님 나라의 비밀을 너희에게는 주었으나 외인에게는 모든 것을 비유로 하나니 이는 그들로 보기는 보아도 알지 못하며 듣기는 들어도 깨닫지 못하게 하여 돌이켜 죄 사함을 얻지 못하게 하려 함이라 하시고

기도 요점

예수께서 홀로 계실 때에 함께 한 사람들이 열두 제자와 더불어 그 비유들에 대하여 묻자, 이에 예수께서 하나님 나라의 비밀을 너희에게는 주었으나 외인에게는 모든 것을 비유로 한다고 대답하시는데, 이 대답이 의미하는 것은? 예수께서 그들로 보기는 보아도 알지 못하며 듣기는 들어도 깨닫지 못하게 하여 돌이켜 죄 사함을 얻지 못하게 하려 함이라는 말씀을 이어서 하시는데, 이 말씀의 의미는?

도움의 말

예수께서 홀로 계실 때에 함께 한 사람들이 열두 제자와 더불어 그 비유들에 대하여 묻습니다. 이에 예수께서 하나님 나라의 비밀을 너희에게는 주었으나 외인에게는 모든 것을 비유로 하신다고 대답하십니다. 여기서 하나님 나라의 비밀은 사실 모든 사람들에게 선포되었지만 이 선포된 비밀은 오로지 이를 깨닫고 받아드리는 사람들만이 알 수 있습니다. 이 비밀은 이미 하나님의 아들 예수께서 이 땅에 오셔서 선포하신 하나님 나라의 비밀입니다. 그런데 비유들에 대하여 질문한 그들에게는 그 비밀이 주어졌으나 그 외의 사람들에게는 감춰진 것이라고 예수께서 말씀하십니다. 여기서 외인들이란 선포

된 하나님 나라의 비밀을 완강히 거부하는 이들을 지칭합니다. 그렇기 때문에 이들은 보기는 보아도 알지 못하며 듣기는 들어도 깨닫지 못하게 하여 돌이켜 죄 사함을 얻지 못하게 된다고 예수께서 이르시는데, 이는 이사야 6장 9-10절 말씀의 인용입니다. 이 말씀을 예수께서 인용하신 것은 하나님 나라 비밀을 거부하는 이들은 그 비밀이 풀리지 아니하는 의문으로 남아 있게 된다는 것입니다. 여기서 우리는 예수께서 하나님 나라의 비밀을 비유들로 말씀하시는 까닭은 이 비밀을 듣는 이들이 비유의 표면적 이야기를 뚫고 들어가 그 비유의 실제적인 의미를 알 수 있게 하는데 있다는 것을 느낄 수 있습니다. 그런데 그 비밀의 말씀을 완강히 거부하는 이들은 이들의 어두운 눈과 귀가 돌이켜 그 비밀의 참된 의미를 찾지 못하게 함으로 보기는 보아도 알지 못하며 듣기는 들어도 깨닫지 못하게 됩니다.

19 땅에 떨어진 씨 비유의 설명

마가복음 4 : 13-20

또 이르시되 너희가 이 비유를 알지 못할진대 어떻게 모든 비유를 알겠느냐 뿌리는 자는 말씀을 뿌리는 것이라 말씀이 길 가에 뿌려졌다는 것은 이들을 가리킴이니 곧 말씀을 들었을 때에 사탄이 즉시 와서 그들에게 뿌려진 말씀을 빼앗는 것이요 또 이와 같이 돌밭에 뿌려졌다는 것은 이들을 가리킴이니 곧 말씀을 들을 때에 즉시 기쁨으로 받으나 그 속에 뿌리가 없어 잠깐 견디다가 말씀으로 인하여 환난이나 박해가 일어나는 때에는 곧 넘어지는 자요 또 어떤 이는 가시떨기에 뿌려진 자니 이들은 말씀을 듣기는 하되 세상의 염려와 재물의 유혹과 기타 욕심이 들어와 말씀을 막아 결실하지 못하게 되는 자요 좋은 땅에 뿌려졌다는 것은 곧 말씀을 듣고 받아 삼십 배나 육십 배나 백 배의 결실을 하는 자니라

기도 요점

땅에 떨어진 씨 비유의 설명 가운데 길 가에 뿌려진 씨 비유에 대한 설명은? 또한 돌밭에 뿌려진 씨와 가시떨기에 뿌려진 씨 비유에 대한 설명은? 그리고 좋은 땅에 뿌려진 씨 비유에 대한 설명은?

도움의 말

예수께서 씨 뿌리는 비유에 대하여 설명하십니다. 이 비유에서 씨 뿌리는 자는 복음을 이 땅에 선포하신 그리스도 예수님과 또한 주의 부르심을 입고 그 복음을 선포하는 사람들을 가리킵니다. 그러므로 씨 뿌리는 비유는 말씀을 뿌리는 비유입니다. 말씀이 길 가에 뿌려졌다는 것은 말씀을 듣는 사람이 자신의 능력과 경험으로 말미암은 선입관으로 굳어질 대로 굳어진 심령을 가진 사람을 가리킵니다. 이러한 사람은 말씀을 들었을 때에 사탄이 즉시 와서

뿌려진 그 말씀을 빼앗아 갑니다. 또 돌밭에 뿌려진 씨는 뿌리를 깊이 내릴 수가 없으므로 돌밭 같은 심령의 사람을 가리키는데, 이러한 사람은 말씀을 들을 때 기쁨으로 즉시 받아들입니다. 그렇지만 이러한 사람은 말씀으로 인하여 환난이나 박해가 일어나는 때에는 잠깐 견디다가 곧 넘어집니다. 또 가시떨기에 뿌려진 씨와 같은 심령을 가진 사람은 말씀을 듣기는 하되 세상의 염려와 재물의 유혹과 기타 욕심으로 그의 심령에 뿌려진 말씀이 결실을 맺지 못합니다. 이러한 사람은 세상을 좋아하고 욕심이 많으므로 그가 들은 말씀이 자랄 수가 없습니다. 그리고 마음의 밭이 옥토 같은 사람은 그의 심령에 뿌려진 말씀을 잘 받아들여 삼십 배나 육십 배나 백 배의 결실을 맺는 사람입니다. 이러한 사람은 하나님 나라의 말씀이 그의 심령에서 잘 자라므로 진리와 은혜의 삶을 살 수 있게 됩니다.

---

20 등불에 대한 비유

마가복음 4 : 21-25

또 그들에게 이르시되 사람이 등불을 가져오는 것은 말 아래에나 평상 아래에 두려 함이냐 등경 위에 두려 함이 아니냐 드러내려 하지 않고는 숨긴 것이 없고 나타내려 하지 않고는 감추인 것이 없느니라 들을 귀 있는 자는 들으라 또 이르시되 너희가 무엇을 듣는가 스스로 삼가라 너희의 헤아리는 그 헤아림으로 너희가 헤아림을 받을 것이며 더 받으리니 있는 자는 받을 것이요 없는 자는 그 있는 것까지도 빼앗기리라

기도 요점

예수께서 사람이 등불을 가져오는 것은 말 아래에나 평상 아래에 두려 함이냐 등경 위에 두려 함이 아니냐 드러내려 하지 않고는 숨긴 것이 없고 나타내려 하지 않고는 감추인 것이 없느니라는 비유를 말씀하시는데, 이 비유의 의미는? 또 예수께서 들을 귀 있는 자는 들으라 또 이르시되 너희가 무엇을 듣는가 스스로 삼가라 너희의 헤아리는 그 헤아림으로 너희가 헤아림을 받을 것이며 더 받으리니 있는 자는 받을 것이요 없는 자는 그 있는 것까지도 빼앗기리라 말씀하시는데, 이 말씀의 의미는?

도움의 말

예수께서 땅에 뿌려진 씨에 대하여 설명하시고 또 그들에게 등불에 대한 비유를 이르십니다. 여기서 등불은 예수님을 지칭하는 것으로서 이제까지 감춰져 왔던 계시가 만민에게 알려지게 되었음을 의미합니다. 이는 앞에서 땅에 뿌려진 씨 비유의 하나님나라의 비밀과 조화를 이룹니다. 예수께서 사람이 등불을 가져오는 것은 말 아래에나 평상 아래에 두려 함이 아니라 등경 위에 두려 함이라는 비유를 말씀하시는데, 여기서 등은 당시 팔레스틴에서 사용하

였던 토기로 된 납작한 등잔이라고 합니다. 등잔 속에 감람유를 채워 그 기름에 심지를 넣고 불을 켜는데, 이 등잔은 주로 기다란 등대 위에 두어 주위를 밝게 하였다고 합니다. 이 비유에서 등경은 복음의 빛을 세상에 전파해야 될 사명을 가진 교회를 상징하며, 또한 등불은 세상의 모든 죄악과 어둠이 참 빛으로 이 땅에 오신 예수 그리스도에 의하여 몰아내진다는 것을 의미합니다. 또한 예수 그리스도께서 선포하신 복음의 빛이 어둔 세상에 비춰지도록 그 복음이 선포되는 것을 의미합니다. 그리고 이어서 예수께서 드러내려 하지 않고는 숨긴 것이 없고 나타내려 하지 않고는 감추인 것이 없다는 비유를 말씀하시면서 들을 귀 있는 자는 들으라 하십니다. 이는 숨긴 것은 언제나 반듯이 드러나게 된다는 비유로서 예수 그리스도의 빛 아래에서는 모든 것이 밝히 드러난다는 것을 의미합니다. 예수께서는 이를 잘 깊이 새겨 듣기를 권하시며 또 이르시기를 너희가 무엇을 듣는가 스스로 삼가라 너희의 헤아리는 그 헤아림으로 너희가 헤아림을 받을 것이며 더 받으리니 있는 자는 받을 것이요 없는 자는 그 있는 것까지도 빼앗기리라 하십니다. 이는 빛이신 그리스도 예수님의 하나님나라복음을 듣고 스스로 삼가 깊고 넓은 통찰력으로 받아드리면 그 사람은 풍족한 은혜를 더 풍성하게 계속적으로 받을 것임을 뜻합니다.

21 자라나는 씨 비유

마가복음 4 : 26-29

또 이르시되 하나님의 나라는 사람이 씨를 땅에 뿌림과 같으니 그가 밤낮 자고 깨고 하는 중에 씨가 나서 자라되 어떻게 그리 되는지를 알지 못하느니라 땅이 스스로 열매를 맺되 처음에는 싹이요 다음에는 이삭이요 그 다음에는 이삭에 충실한 곡식이라 열매가 익으면 곧 낫을 대나니 이는 추수 때가 이르렀음이라

기도 요점

예수께서 하나님의 나라는 사람이 씨를 땅에 뿌림과 같으니 그가 밤낮 자고 깨고 하는 중에 씨가 나서 자라되 어떻게 그리 되는지를 알지 못한다고 이르시는데, 이 비유가 자신에게 주는 의미는? 이어서 예수께서 땅이 스스로 열매를 맺되 처음에는 싹이요 다음에는 이삭이요 그 다음에는 이삭에 충실한 곡식이라 열매가 익으면 곧 낫을 대나니 이는 추수 때가 이르렀음이라 하시는데, 이 말씀이 의미하는 바는?

도움의 말

예수께서 또 이르시기를 하나님의 나라는 사람이 씨를 땅에 뿌림과 같다고 하십니다. 자라나는 씨 비유는 씨앗이 자라 풍성한 수확을 추수하는 과정의 신비한 능력은 말씀의 씨가 사람의 마음에 뿌려져 하나님나라가 그 안에서 성장하여가는 능력과 관련되는 비유됩니다. 씨를 뿌린 그가 밤낮 자고 깨고 하는 중에 씨가 나서 자라지만 어떻게 그리 되는지를 알지 못합니다. 씨를 심은 사람이 알지 못하는 사이에 씨앗이 자라는 것처럼 하나님나라 역시 말씀의 씨가 심겨진 그 사람 안에서 알지 못하는 사이에 점진적으로 성장하여 갑니다. 이 같이 자라나는 씨 비유와 말씀의 씨를 뿌림으로 시작되는 하나님나

라는 자연스럽게 시간이 흐름에 따라 사람의 눈에 보이지는 않지만 계속하여 자라나고 있다는 공통점이 있습니다. 사람이 씨를 뿌렸지만 씨가 뿌려진 땅이 스스로 열매를 맺어 처음에는 싹이요 다음에는 이삭이요 그 다음에는 이삭에 충실한 곡식입니다. 여기서 우리는 세 가지를 알 수 있습니다. 첫째는 씨를 뿌린 사람은 실제로 그 씨앗을 자라게 할 수 없었다는 것입니다. 둘째는 그 씨앗이 자라는 것은 땅과 비와 공기와 해를 주관하시는 하나님의 소관이라는 것입니다. 셋째는 씨를 뿌린 사람이 땅에 대한 믿음이 있었다는 것인데, 이는 그 씨로 인한 소출이 전적으로 하나님께 있다는 것을 알고 맡기는 것을 의미합니다. 이 같은 과정을 통하여 충실한 곡식이 된 그 씨의 열매가 익게 되면 그는 낫을 대어 추수를 하게 됩니다. 이처럼 농부가 땅에 대한 믿음으로 추수를 기다리는 것처럼 하나님나라백성들도 하나님나라에 대한 믿음을 갖고 하나님나라의 백성으로서의 열매를 맺는 삶을 살아가는 것입니다.

22 겨자씨 비유

마가복음 4 : 30-32

또 이르시되 우리가 하나님의 나라를 어떻게 비교하며 또 무슨 비유로 나타낼까 겨자씨 한 알과 같으니 땅에 심길 때에는 땅 위의 모든 씨보다 작은 것이로되 심긴 후에는 자라서 모든 풀보다 커지며 큰 가지를 내나니 공중의 새들이 그 그늘에 깃들일 만큼 되느니라

기도 요점

예수께서 하나님의 나라는 겨자씨 한 알과 같다고 비유적으로 말씀하시면서 겨자씨를 땅에 심을 때에는 땅 위의 모든 씨보다 작은 것이로되 심은 후에는 자라서 모든 풀보다 커지며 큰 가지를 낸다고 하시는데, 이 비유의 의미는? 또한 예수께서 다 성장한 겨자씨 나무가 공중의 새들이 그 그늘에 깃들일 만큼 된다고 말씀하시는데, 이 비유의 의미는?

도움의 말

예수께서 또 우리가 하나님의 나라를 어떻게 비교하며 또 무슨 비유로 나타낼까 하시면서 겨자씨 비유를 말씀하십니다. 겨자씨는 당시 주변에서 흔히 볼 수 있는 가장 작은 씨앗이었다고 합니다. 예수께서 겨자씨가 땅에 심길 때 땅 위의 모든 씨보다 작지만 심긴 후에는 모든 풀보다 커지며 큰 가지를 내므로 공중의 새들이 그 그늘에 깃들일 만큼 된다고 이르십니다. 이 비유를 통하여 예수께서는 두 가지 말씀을 우리에게 하십니다. 하나는 하나님의 나라도 겨자씨처럼 그 시작은 사람들 보기에 미약해보이지만 그 미약함이 능력 있고 흥왕하게 된다는 것입니다. 다른 하나는 겨자씨가 자라 큰 가지의 겨자나무가 되어 새들의 보금자리가 되는 것처럼 하나님의 나라가 바로 전 세계의 수많은 영혼들이 평안히 그리고 영원히 거할 수 있는 보금자리라는 것입니다.

23 비유로 가르치시다

마가복음 4 : 33-34

예수께서 이러한 많은 비유로 그들이 알아 들을 수 있는 대로 말씀을 가르치시되 비유가 아니면 말씀하지 아니하시고 다만 혼자 계실 때에 그 제자들에게 모든 것을 해석하시더라

기도 요점

예수께서 비유로 많은 하나님나라 말씀을 가르치시는데, 그 이유는? 예수께서 혼자 계실 때에 그 제자들에게 그 비유의 모든 것을 해석하십니다. 그 까닭은?

도움의 말

예수께서 이러한 많은 비유로 그들이 알아 들을 수 있는 대로 말씀을 가르치십니다. 예수께서 무리들에게 하나님나라 말씀을 가르치실 때 그 나라의 말씀을 이 같이 비유로 말씀하시어 그들의 이해를 도와주십니다. 사실 비유란 일상생활의 단면을 예로 들어 하나님나라의 말씀을 쉽게 알아듣고 이해할 수 있도록 하는 진리 전달의 수단이었습니다. 그렇기 때문에 예수께서는 비유가 아니면 말씀하지 아니하셨습니다. 다만 예수께서 혼자 계실 때에 그 제자들에게 모든 것을 해석해 주십니다. 이는 제자들도 예수님의 비유의 말씀을 올바르게 이해하기 위해서는 이 같이 거듭하여 다시 그들을 위한 해석이 필요하였다는 것을 의미합니다.

24 바람과 바다를 잔잔하게 하시는 예수님

마가복음 4 : 35-41

 그 날 저물 때에 제자들에게 이르시되 우리가 저편으로 건너가자 하시니 그들이 무리를 떠나 예수를 배에 계신 그대로 모시고 가매 다른 배들도 함께 하더니 큰 광풍이 일어나며 물결이 배에 부딪쳐 들어와 배에 가득하게 되었더라 예수께서는 고물에서 베개를 베고 주무시더니 제자들이 깨우며 이르되 선생님이여 우리가 죽게 된 것을 돌보지 아니하시나이까 하니 예수께서 깨어 바람을 꾸짖으시며 바다더러 이르시되 잠잠하라 고요하라 하시니 바람이 그치고 아주 잔잔하여지더라 이에 제자들에게 이르시되 어찌하여 이렇게 무서워하느냐 너희가 어찌 믿음이 없느냐 하시니 그들이 심히 두려워하여 서로 말하되 그가 누구이기에 바람과 바다도 순종하는가 하였더라

기도 요점

 예수님과 제자들이 탄 배에 큰 광풍이 일어나 물결이 들어와 가득하게 되었을 때, 고물에서 베개를 베고 주무시는 예수님을 깨우면서 한 그들의 말은? 그들의 말을 들으시고 예수께서 깨시어 하신 말씀 두 가지는?

도움의 말

 예수께서 천국의 비유를 가르치신 그 날 저물 때에 제자들에게 이르시기를 우리가 저편으로 건너가자 하신다. 여기서 저편은 바다 건너 맞은편으로서 배를 타고 가셔야 됩니다. 제자들이 무리를 떠나 예수께서 그들을 가르치실 때 올라 앉으셨던 그 배에 그대로 모시고 가므로 다른 배들도 함께 하는데, 큰 광풍이 일어나며 물결이 배에 부딪쳐 들어와 배에 가득하게 되었습니다. 이때 예수께서는 고물에서 베개를 베고 주무시니 이에 제자들은 예수님을 선생님이라고 부르면서 우리가 죽게 된 것을 돌보지 아니하시느냐고 원망에 찬

말을 합니다. 그리하여 예수께서 깨시어 하신 말씀이 두 가지입니다. 하나는 바람을 꾸짖으시며 바다더러 이르시기를 잠잠하라 고요하라 하신 것입니다. 이에 바람이 그치고 아주 잔잔하여 집니다. 여기서 예수님은 선생님이 아니라 피조물에 대한 창조주의 권위와 능력을 행사하십니다. 다른 하나는 제자들을 향하시어 너희가 어찌하여 이렇게 무서워하느냐 너희가 어찌 믿음이 없느냐 나무라시는 말씀입니다. 이는 그들의 불신앙에 대한 책망입니다. 이에 그들이 심히 두려워하여 서로 말하기를 그가 누구이기에 바람과 바다도 순종하는가 라고 말합니다. 이는 아직도 그들은 배안에 그들이 하나님의 아들과 함께 있다는 사실을 모르고 하는 말입니다.

25 귀신들린 사람을 치유하시는 예수님

마가복음 5 : 1-15

 예수께서 바다 건너편 거라사인의 지방에 이르러 배에서 나오시매 곧 더러운 귀신 들린 사람이 무덤 사이에서 나와 예수를 만나니라 그 사람은 무덤 사이에 거처하는데 이제는 아무도 그를 쇠사슬로도 맬 수 없게 되었으니 이는 여러 번 고랑과 쇠사슬에 매였어도 쇠사슬을 끊고 고랑을 깨뜨렸음이러라 그리하여 아무도 그를 제어할 힘이 없는지라 밤낮 무덤 사이에서나 산에서나 늘 소리 지르며 돌로 자기의 몸을 해치고 있었더라 그가 멀리서 예수를 보고 달려와 절하며 큰 소리로 부르짖어 이르되 지극히 높으신 하나님의 아들 예수여 나와 당신이 무슨 상관이 있나이까 원하건대 하나님 앞에 맹세하고 나를 괴롭히지 마옵소서 하니 이는 예수께서 이미 그에게 이르시기를 더러운 귀신아 그 사람에게서 나오라 하셨음이라 이에 물으시되 네 이름이 무엇이냐 이르되 내 이름은 군대니 우리가 많음이니이다 하고 자기를 그 지방에서 내보내지 마시기를 간구하더니 마침 거기 돼지의 큰 떼가 산 곁에서 먹고 있는지라 이에 간구하여 이르되 우리를 돼지에게로 보내어 들어가게 하소서 하니 허락하신대 더러운 귀신들이 나와서 돼지에게로 들어가매 거의 이천 마리 되는 떼가 바다를 향하여 비탈로 내리달아 바다에서 몰사하거늘 치던 자들이 도망하여 읍내와 여러 마을에 말하니 사람들이 어떻게 되었는지를 보러 와서 예수께 이르러 그 귀신 들렸던 자 곧 군대 귀신 지폈던 자가 옷을 입고 정신이 온전하여 앉은 것을 보고 두려워하더라

기도 요점

 예수께서 바다 건너편 거라사인의 지방에 이르러 더러운 귀신 들린 사람이 무덤 사이에서 나와 멀리서 예수님을 보고 달려와 절하며 부르짖으며 한 말과 그 말의 의미는? 예수께서 귀신들린 그 사람에게 네 이름이 무엇이냐 이

르시니, 이에 대한 그의 대답과 그 대답의 의미는? 귀신들린 그 사람이 예수께 자기를 거라사인의 지방에서 내보내지 마시기를 간구하면서 예수님께 그가 요구한 다른 간구는? 이 간구에 예수께서 허락하시어 일어난 사건들은?

도움의 말

 예수께서 바다 건너편 거라사인의 지방에 이르러 배에서 나오십니다. 그러자 곧 더러운 귀신 들린 사람이 무덤 사이에서 나와 예수를 만납니다. 팔레스틴에서 죽은 자의 무덤은 자연동굴이나 석회암을 깎아 만들었기 때문에 귀신들린 그 사람은 무덤 사이에 거처할 수 있었다고 합니다. 그 귀신들린 사람을 이제는 아무도 쇠사슬로도 맬 수 없게 되었다고 하는데, 그 이유는 여러 번 그를 고랑과 쇠사슬에 매였어도 쇠사슬을 끊고 고랑을 깨뜨렸기 때문입니다. 그리하여 아무도 그를 제어할 힘이 없으므로 밤낮 무덤 사이에서나 산에서나 늘 소리 지르며 돌로 자기의 몸을 짓이겨 해치고 있었습니다. 그러던 그가 멀리서 예수를 보고 달려와 절하며 큰 소리로 부르짖어 이르기를 지극히 높으신 하나님의 아들 예수여 나와 당신이 무슨 상관이 있습니까 원하오니 하나님 앞에 맹세하고 나를 괴롭히지 말라 외칩니다. 귀신 들린 그는 자기 앞에 서신 예수께서는 하나님의 아들로서 자기보다 능력이 더 크다는 것을 알아봅니다. 예수께서는 이미 그에게 이르시기를 더러운 귀신아 그 사람에게서 나오라 하셨기 때문에 귀신도 예수님이 하나님의 아들이심을 알고 있었습니다. 이어서 예수께서 그에게 네 이름이 무엇이냐 이르시니 예수님의 명령에 따라 그가 내 이름은 군대라고 밝히는데, 이는 귀신의 수가 많다는 말입니다. 이 말을 하고 그는 예수께 자기를 그 지방에서 내보내지 말고 마침 거기 돼지의 큰 떼가 산 곁에서 먹고 있는데, 우리를 돼지에게로 보내어 들어가게 해 달라고 간구합니다. 이에 예수께서 이를 허락하십니다. 이 허락으로 인하여 두 가지 사건이 일어납니다. 하나는 더러운 귀신들이 나와서 돼지에게로 들어갔는데, 이로 인하여 거의 이천 마리 되는 떼가 바다를 향하여 비탈로 내리 달아 바다에서 몰사합니다. 다른 하나 그 귀신 들렸던 자 곧 군대 귀신 지폈던 자가 옷을 입고 정신이 온전해 진 것입니다. 이로 인하여 돼지를 치던 자들이 도망하여 읍내와 여러 마을에 가서 이를 말하니 사람들이 어떻게 되었는지를 보러 옵니다. 그들이 예수께 이르러 본 것은 그 군대 귀신 들렸던 던 자가 옷도 입고 정신이 온전하여 앉은 것인데, 그들은 이를 보고 두려워합니다.

26 귀신들렸다가 치유 받은 사람이 예수님께 함께 있기를 간구하다

마가복음 5 : 16-20

 이에 귀신 들렸던 자가 당한 것과 돼지의 일을 본 자들이 그들에게 알리매 그들이 예수께 그 지방에서 떠나시기를 간구하더라 예수께서 배에 오르실 때에 귀신 들렸던 사람이 함께 있기를 간구하였으나 허락하지 아니하시고 그에게 이르시되 집으로 돌아가 주께서 네게 어떻게 큰 일을 행하사 너를 불쌍히 여기신 것을 네 가족에게 알리라 하시니 그가 가서 예수께서 자기에게 어떻게 큰 일 행하셨는지를 데가볼리에 전파하니 모든 사람이 놀랍게 여기더라

기도 요점

 귀신들렸다가 치유받은 사람이 예수님께 함께 있기를 간구합니다. 이 같은 그의 요청에 대한 예수님의 말씀은? 자신의 요청에 대한 예수님의 말씀을 듣고 그가 행한 일은?

도움의 말

 귀신 들렸던 자가 당한 것과 돼지의 일을 본 사람들이 그 소문을 듣고 달려온 사람들에게 이제까지 일러났던 치유사건을 말해줍니다. 그러자 그들이 예수께 그 지방에서 떠나시기를 간구하므로 예수께서 배에 오르십니다. 그 때에 귀신 들렸다가 치유된 사람이 예수님께 함께 있기를 간구합니다. 이는 그가 예수님의 제자가 되어 주님을 섬기고 싶다는 요청입니다. 그러나 예수께서 이를 허락하지 아니하시고 그에게 이르시기를 집으로 돌아가 주께서 네게 어떻게 큰일을 행하사 너를 불쌍히 여기신 것을 네 가족에게 알리라 하십니다. 주의 말씀대로 그가 가서 예수께서 자기에게 어떻게 큰 일 행하셨는지를 자기 가족에게 뿐만 아니라 갈릴리 호수 동편과 요단강가에 인접한 열 개의 데가볼리에 전파하므로 이를 들은 모든 사람이 놀랍게 여깁니다.

27 딸아 네 믿음이 너를 구원하였으니 평안히 가라

마가복음 5 : 21-34

 예수께서 배를 타시고 다시 맞은편으로 건너가시니 큰 무리가 그에게로 모이거늘 이에 바닷가에 계시더니 회당장 중의 하나인 야이로라 하는 이가 와서 예수를 보고 발 아래 엎드리어 간곡히 구하여 이르되 내 어린 딸이 죽게 되었사오니 오셔서 그 위에 손을 얹으사 그로 구원을 받아 살게 하소서 하거늘 이에 그와 함께 가실새 큰 무리가 따라가며 에워싸 밀더라 열두 해를 혈루증으로 앓아 온 한 여자가 있어 많은 의사에게 많은 괴로움을 받았고 가진 것도 다 허비하였으되 아무 효험이 없고 도리어 더 중하여졌던 차에 예수의 소문을 듣고 무리 가운데 끼어 뒤로 와서 그의 옷에 손을 대니 이는 내가 그의 옷에만 손을 대어도 구원을 받으리라 생각함일러라 이에 그의 혈루 근원이 곧 마르매 병이 나은 줄을 몸에 깨달으니라 예수께서 그 능력이 자기에게서 나간 줄을 곧 스스로 아시고 무리 가운데서 돌이켜 말씀하시되 누가 내 옷에 손을 대었느냐 하시니 제자들이 여짜오되 무리가 에워싸 미는 것을 보시며 누가 내게 손을 대었느냐 물으시나이까 하되 예수께서 이 일 행한 여자를 보려고 둘러보시니 여자가 자기에게 이루어진 일을 알고 두려워하여 떨며 와서 그 앞에 엎드려 모든 사실을 여쭈니 예수께서 이르시되 딸아 네 믿음이 너를 구원하였으니 평안히 가라 네 병에서 놓여 건강할지어다

기도 요점

 예수께서 딸아 네 믿음이 너를 구원하였으니 평안히 가라고 이르신 대상은? 예수께서 배를 타시고 다시 맞은편으로 건너가시니 큰 무리가 그에게로 모이거늘 이에 바닷가에 계시더니 회당장 중의 하나인 야이로라 하는 이가 와서 예수를 보고 발 아래 엎드리어 간곡히 구하여 이르되 내 어린 딸이 죽게 되었사오니 오셔서 그 위에 손을 얹으사 그로 구원을 받아 살게 하소서 라고

간청하는 당시 상황을 상상해 보십시오.

도움의 말

　갈릴리 호수 동편에서 돼지 몰사 사건이후 예수께서 배를 타시고 다시 맞은 편으로 건너가시는데 큰 무리가 모입니다. 이에 예수께서 바닷가에 계십니다. 이곳으로 회당을 관리하며 회당예배순서를 작성하고 맡았으며 어느때는 재판의 사무 증을 관할하는 장로출신인 회당장 중의 하나인 야이로라 하는 이가 옵니다. 그가 와서 예수님을 보고 발아래 엎드리어 내 어린 딸이 죽게 되었으니 오셔서 그 위에 손을 얹으사 그로 구원을 받아 살게 해달라고 간구합니다. 당시 대중으로부터 신망을 받는 회당장이 예수께 와서 꿇어 경배하며 기적을 간구하는 것은 예수님에 대한 깊은 신뢰를 드러내는 행위입니다. 이에 예수께서 그와 함께 그의 어린 딸에게 가십니다. 예수께서 가시는 동안 큰 무리가 따라가며 에워싸 밉니다. 그 무리 가운데 열두 해를 혈루증으로 앓아 온 한 여자가 있었습니다. 그녀는 많은 의사에게 많은 괴로움을 받았고 가진 것도 다 허비하였는데도 병이 도리어 더 중하여졌습니다. 그러던 차에 그녀는 예수님의 소문을 듣고 무리 가운데 끼어 뒤로 와서 그의 옷에 손을 댑니다. 이는 그녀는 예수님의 옷에만 손을 대어도 구원을 받으리라 생각하였기 때문입니다. 그러자 그녀의 혈루 근원이 곧 마르므로 병이 나은 줄을 그녀는 몸에서 깨달았습니다. 예수께서는 그 능력이 자기에게서 나간 줄을 곧 스스로 아시고 무리 가운데서 돌이키시면서 누가 내 옷에 손을 대었느냐 하십니다. 그러자 제자들은 무리가 에워싸 미는 것을 보시며 누가 내게 손을 대었느냐 하시냐고 여쭙니다. 그러나 예수께서는 제자들의 말에 개의치 않으시고 이 일 행한 여자를 보려고 둘러보십니다. 여자가 자기에게 이루어진 일을 알고 두려워하여 떨며 예수께로 와서 그 앞에 엎드려 모든 사실을 다 여쭙니다. 이를 다 들으신 예수께서 그녀에게 딸아 네 믿음이 너를 구원하였으니 평안히 가라 네 병에서 놓여 건강하라고 이르십니다.

28 내가 네게 말하노니 소녀야 일어나라 하심이라

마가복음 5 : 35-43

아직 예수께서 말씀하실 때에 회당장의 집에서 사람들이 와서 회당장에게 이르되 당신의 딸이 죽었나이다 어찌하여 선생을 더 괴롭게 하나이까 예수께서 그 하는 말을 곁에서 들으시고 회당장에게 이르시되 두려워하지 말고 믿기만 하라 하시고 베드로와 야고보와 야고보의 형제 요한 외에 아무도 따라옴을 허락하지 아니하시고 회당장의 집에 함께 가사 떠드는 것과 사람들이 울며 심히 통곡함을 보시고 들어가서 그들에게 이르시되 너희가 어찌하여 떠들며 우느냐 이 아이가 죽은 것이 아니라 잔다 하시니 그들이 비웃더라 예수께서 그들을 다 내보내신 후에 아이의 부모와 또 자기와 함께 한 자들을 데리시고 아이 있는 곳에 들어가사 그 아이의 손을 잡고 이르시되 달리다굼 하시니 번역하면 곧 내가 네게 말하노니 소녀야 일어나라 하심이라 소녀가 곧 일어나서 걸으니 나이가 열두 살이라 사람들이 곧 크게 놀라고 놀라거늘 예수께서 이 일을 아무도 알지 못하게 하라고 그들을 많이 경계하시고 이에 소녀에게 먹을 것을 주라 하시니라

기도 요점

예수께서 죽은 회당장의 딸의 손을 잡고 달리다굼 하시는데, 이 말의 뜻은? 예수께서 회당장의 집에 함께 가사 떠드는 것과 사람들이 울며 심히 통곡함을 보시고 들어가서 그들에게 이르시되 너희가 어찌하여 떠들며 우느냐 이 아이가 죽은 것이 아니라 잔다 하시는데, 이 말씀이 우리에게 주는 의미는? 당시 회당장 야이로의 집에서 울며 통곡하는 이들에게 이 말씀을 하셨을 때, 그들의 반응은?

도움의 말

 아직 예수께서 혈루증의 여자를 치유하신 기적으로 말미암아 멈춰서 말씀 하실 때에 회당장의 집에서 사람들이 와서 회당장에게 당신의 딸이 죽었다고 이릅니다. 연이어 그들이 회당장에게 어찌하여 예수선생님을 더 괴롭게 하느냐고 말합니다. 이를 곁에서 들으신 예수께서 회당장에게 이르시되 두려워하지 말고 믿기만 하라 하십니다. 예수께서는 회당장에게 딸의 죽음소식으로 인하여 두려워말고 계속하여 처음에 가졌던 예수님을 믿는 믿음을 갖도록 권고하십니다. 이 말씀을 하시고 예수님은 베드로와 야고보와 야고보의 형제 요한 외에 아무도 따라옴을 허락하지 아니하시고 회당장의 집에 함께 가십니다. 예수께서는 야이로의 집에서 일어날 죽은 자가 살아나는 이적을 전할 증거자로 제자 세 명을 선택하여 함께 가십니다(신 19 : 15). 사람들이 떠드는 것과 울며 심히 통곡함을 예수께서 보시고 집에 들어가시어 그들에게 이르시되 너희가 어찌하여 떠들며 우느냐 이 아이가 죽은 것이 아니라 잔다 하십니다. 이 말씀을 통하여 우리는 두 가지 의미를 알 수 있습니다. 하나는 이 말씀은 죽은 그 소녀의 다시 살아남을 전제로 한 말씀이라는 것입니다. 다른 하나는 이 말씀은 예수께서 죽음과 삶의 지배권을 가지셨다는 것입니다. 그러나 그곳에 있는 이들은 예수님의 이 말씀을 듣고 비웃습니다. 이에 예수께서 그들을 다 내보내신 후에 아이의 부모와 또 자기와 함께 한 자들을 데리시고 아이 있는 곳에 들어가시어 그 아이의 손을 잡고 이르시되 달리다굼 하십니다. 이를 번역하면 곧 내가 네게 말하노니 소녀야 일어나라 하심입니다. 그러자 소녀가 곧 일어나서 걸으니 나이가 열두 살이라 사람들이 곧 크게 놀라고 놀랍니다. 예수께서 이 일을 아무도 알지 못하게 하라고 그들을 많이 경계하시고 또한 소녀에게 먹을 것을 주라 하십니다.

---

29 이 사람, 예수가 받은
지혜와 이런 권능이 어찌됨이냐

마가복음 6 : 1-6

 예수께서 거기를 떠나사 고향으로 가시니 제자들도 따르니라 안식일이 되어 회당에서 가르치시니 많은 사람이 듣고 놀라 이르되 이 사람이 어디서 이런 것을 얻었느냐 이 사람이 받은 지혜와 그 손으로 이루어지는 이런 권능이 어찌됨이냐 이 사람이 마리아의 아들 목수가 아니냐 야고보와 요셉과 유다와 시몬의 형제가 아니냐 그 누이들이 우리와 함께 여기 있지 아니하냐 하고 예수를 배척한지라 예수께서 그들에게 이르시되 선지자가 자기 고향과 자기 친척과 자기 집 외에서는 존경을 받지 못함이 없느니라 하시며 거기서는 아무 권능도 행하실 수 없어 다만 소수의 병자에게 안수하여 고치실뿐이었고 그들이 믿지 않음을 이상히 여기셨더라 이에 모든 촌에 두루 다니시며 가르치시더라

기도 요점

 예수께서 안식일이 되어 회당에서 가르치시니 많은 사람이 듣고 놀라서 그들이 한 말들은? 놀란 그들의 말들을 들으시고 그 회당에서 취하신 예수님의 반응은?

도움의 말

 예수께서 가르침과 병 치유하셨던 갈릴리를 떠나시어 고향 나사렛으로 가시니 제자들도 따릅니다. 나사렛은 가버나움의 남서쪽에 있는 한적한 지방인데, 이곳까지 예수님을 따라 함께 갔던 그들은 제자로서의 훈련을 받고 있습니다. 고향에서 안식일이 되어 예수께서 회당에서 가르치십니다. 당시 회당을 방문한 선생에게 회당장이 성경을 가르칠 수 있는 기회를 주었다고 합니

다. 그리하여 회당에서 예수께서 가르치실 때에 많은 사람이 듣고 놀라면서 세 가지 말들을 주고받습니다. 하나는 이 사람, 예수는 어디서 이런 것을 얻었냐고 말합니다. 다른 하나는 이 사람, 예수가 받은 지혜와 그 손으로 이루어지는 이런 권능이 어찌됨이냐 입니다. 또 다른 하나는 이 사람, 예수는 마리아의 아들 목수가 아니냐 야고보와 요셉과 유다와 시몬의 형제가 아니냐 그 누이들이 우리와 함께 여기 있지 아니하냐고 말합니다. 이러한 말들을 하면서 그들은 예수님을 배척합니다. 이에 예수께서 그들에게 이르시기를 선지자가 자기 고향과 자기 친척과 자기 집 외에서는 존경을 받지 못함이 없다고 하십니다. 고향에서 환영을 받지 못하시는 예수께서는 거기서는 아무 권능도 행하실 수 없어 다만 소수의 병자에게 안수하여 고치실뿐이었습니다. 그리고 예수께서는 그들이 믿지 않음을 이상히 여기셨습니다. 이에 예수께서는 모든 촌에 두루 다니시며 가르치십니다.

30 열두 제자가 둘씩 전도여행 가다

마가복음 6 : 7-13

열두 제자를 부르사 둘씩 둘씩 보내시며 더러운 귀신을 제어하는 권능을 주시고 명하시되 여행을 위하여 지팡이 외에는 양식이나 배낭이나 전대의 돈이나 아무 것도 가지지 말며 신만 신고 두 벌 옷도 입지 말라 하시고 또 이르시되 어디서든지 누구의 집에 들어가거든 그 곳을 떠나기까지 거기 유하라 어느 곳에서든지 너희를 영접하지 아니하고 너희 말을 듣지도 아니하거든 거기서 나갈 때에 발 아래 먼지를 떨어버려 그들에게 증거를 삼으라 하시니 제자들이 나가서 회개하라 전파하고 많은 귀신을 쫓아내며 많은 병자에게 기름을 발라 고치더라

기도 요점

예수께서 열두 제자를 부르시어 둘씩 둘씩 보내시며 더러운 귀신을 제어하는 권능을 주시고 전도여행 시 그들이 하지 말아야 될 것과 해야 될 것을 명하셨는데, 그것은 각각 무엇입니까? 제자들이 전도여행에서 한 일은?

도움의 말

예수께서 열두 제자를 부르시어 둘씩 둘씩 보내시며 더러운 귀신을 제어하는 권능을 주십니다. 신명기 17장 6절에 증인을 두 사람이나 세 사람을 세우라는 말씀대로 예수께서는 천국복음전파의 증인으로서 제자들을 둘씩 보내십니다. 예수님의 권위로 하나님나라복음 전파와 더러운 귀신을 제어하데 있어서 그들이 하지 말아야 될 일과 해야 될 일들을 예수께서 말씀해 주십니다. 전도여행에서 하지 말아야 될 것은 두 가지입니다. 하나는 여행을 위하여 지팡이 외에는 양식이나 배낭이나 전대의 돈이나 아무 것도 가지지 말라 하십니다. 다른 하나는 신만 신고 두 벌 옷도 입지 말라 하십니다. 이는 전도하는

제자들이 의지할 수 있는 것은 그들이 가지고 있는 소유에 있는 것이 아니라 오로지 하나님만을 의지하는 믿음에 있다는 말씀입니다. 해야 될 것 역시 두 가지인데, 하나는 어디서든지 누구의 집에 들어가거든 그 곳을 떠나기까지 거기 유하라 하십니다. 다른 하나는 어느 곳에서든지 너희를 영접하지 아니하고 너희 말을 듣지도 아니하거든 거기서 나갈 때에 발아래 먼지를 떨어버려 그들에게 증거를 삼으라 하십니다. 오직 하나님의 일에 전념하고 한 지역에서 거처를 옮기지 말라하십니다. 여기서 발아래 먼지를 떨어버리는 명령은 유대인들이 이방 땅을 밟을 때나 여행하고 돌아올 때는 발과 옷에 묻은 이방 땅의 먼지를 모두 떨어내는 생활관습에 따라 제자들의 복음전파를 거부하는 지역을 이방지역같이 취급하라는 말씀입니다. 이와 같은 명령을 받고 제자들이 나가서 한 것은 하나님나라복음을 전파하며 회개하라고 할 뿐만 아니라 많은 귀신을 쫓아내며 많은 병자에게 기름을 발라 고치는 일입니다.

31 세례 요한의 죽음

마가복음 6 : 14-29

 이에 예수의 이름이 드러난지라 헤롯 왕이 듣고 이르되 이는 세례 요한이 죽은 자 가운데서 살아났도다 그러므로 이런 능력이 그 속에서 일어나느니라 하고 어떤 이는 그가 엘리야라 하고 또 어떤 이는 그가 선지자니 옛 선지자 중의 하나와 같다 하되 헤롯은 듣고 이르되 내가 목 벤 요한 그가 살아났다 하더라 전에 헤롯이 자기가 동생 빌립의 아내 헤로디아에게 장가 든 고로 이 여자를 위하여 사람을 보내어 요한을 잡아 옥에 가두었으니 이는 요한이 헤롯에게 말하되 동생의 아내를 취한 것이 옳지 않다 하였음이라 헤로디아가 요한을 원수로 여겨 죽이고자 하였으되 하지 못한 것은 헤롯이 요한을 의롭고 거룩한 사람으로 알고 두려워하여 보호하며 또 그의 말을 들을 때에 크게 번민을 하면서도 달갑게 들음이러라 마침 기회가 좋은 날이 왔으니 곧 헤롯이 자기 생일에 대신들과 천부장들과 갈릴리의 귀인들로 더불어 잔치할새 헤로디아의 딸이 친히 들어와 춤을 추어 헤롯과 그와 함께 앉은 자들을 기쁘게 한지라 왕이 그 소녀에게 이르되 무엇이든지 네가 원하는 것을 내게 구하라 내가 주리라 하고 또 맹세하기를 무엇이든지 네가 내게 구하면 내 나라의 절반까지라도 주리라 하거늘 그가 나가서 그 어머니에게 말하되 내가 무엇을 구하리이까 그 어머니가 이르되 세례 요한의 머리를 구하라 하니 그가 곧 왕에게 급히 들어가 구하여 이르되 세례 요한의 머리를 소반에 얹어 곧 내게 주기를 원하옵나이다 하니 왕이 심히 근심하나 자기가 맹세한 것과 그 앉은 자들로 인하여 그를 거절할 수 없는지라 왕이 곧 시위병 하나를 보내어 요한의 머리를 가져오라 명하니 그 사람이 나가 옥에서 요한을 목 베어 그 머리를 소반에 얹어다가 소녀에게 주니 소녀가 이것을 그 어머니에게 주니라 요한의 제자들이 듣고 와서 시체를 가져다가 장사하니라

기도 요점

예수님 제자들의 전도로 인하여 예수의 이름이 드러난 것을 헤롯 왕이 듣고 이는 세례 요한이 죽은 자 가운데서 살아났도다 그러므로 이런 능력이 그 속에서 일어난 것이라 말하는데, 이 말의 의미는? 세례 요한이 죽게 되었던 과정을 상상해 보십시오.

도움의 말

제자들 둘씩 예수님의 권위로 그들은 가는 곳마다 복음을 전파하고 귀신을 내쫓고 병을 고치므로 예수님의 명성이 높아졌습니다. 이 소문을 들은 헤롯 왕이 내가 목 벤 세례 요한이 죽은 자 가운데서 살아나 이러한 능력이 그 속에서 일어난 것이라고 이릅니다. 또 어떤 이는 그가 엘리야라 하고 또 어떤 이는 그가 선지자니 옛 선지자 중의 하나와 같다 합니다. 당시 헤롯은 아라비아 왕의 딸을 아내로 맞았지만 그의 동생 부인 헤로디아를 다시 아내로 맞았습니다. 이로 인하여 전에 헤롯이 헤로디아를 위하여 사람을 보내어 요한을 잡아 옥에 가두었습니다. 왜냐하면 요한이 헤롯에게 동생의 아내를 취한 것이 옳지 않다 말하였기 때문입니다. 헤롯은 자기의 이 같은 행동을 비판한 세례 요한을 죽인 후 힘든 시간을 보내고 있던 중에 예수님의 능력 있는 사역활동과 예수님 제자들의 능력 있는 사역활동을 보면서 세례 요한이 예수님 안에서 되살아나 활동하고 있는 것으로 생각하며 번민합니다. 실은 헤롯과 결혼한 헤로디아가 요한을 원수로 여겨 죽이고자 하였지만 죽이지 못한 것은 헤롯이 요한을 의롭고 거룩한 사람으로 알고 두려워하여 보호할 뿐만 아니라 또 그의 말을 들을 때에 크게 번민을 하면서도 달갑게 들었기 때문입니다. 그런데 마침 기회가 좋은 날이 왔습니다. 이는 곧 헤롯이 자기 생일에 대신들과 천부장들과 갈릴리의 귀인들로 더불어 잔치를 하는데, 헤로디아의 딸이 친히 들어와 춤을 추어 헤롯과 그와 함께 앉은 자들을 기쁘게 합니다. 이에 왕이 그 소녀에게 무엇이든지 네가 원하는 것을 내게 구하라 내가 줄 것이라고 말합니다. 또 헤롯이 맹세하기를 무엇이든지 네가 내게 구하면 내 나라의 절반까지라도 주겠다고 하니 그가 나가서 그 어머니에게 내가 무엇을 구하여야 되느냐고 묻습니다. 그러자 그 어머니는 세례 요한의 머리를 구하라 이릅니다. 그리하여 그가 곧 왕에게 급히 들어가 세례 요한의 머리를 소반에 얹어 곧 내게 주기를 원한다고 이릅니다. 이 말을 들은 헤롯 왕이 심히 근심하지만 자기가 맹세한 것과 그 앉은 자들로 인하여 그를 거절할 수 없기 때문에 왕이 곧 시위병 하나를 보내어 요한의 머리를 가져오라 명합니다. 이와 같이하여 그 사람이 나가 옥에서 요한을 목 베어 그 머리를 소반에 얹어다가 소녀에게 줍니다. 그 소녀는 이를 그 어머니에게 줍니다. 이를 세례 요한의 제자들이 듣고 와서 시체를 가져다가 장사합니다.

32 제자들에게
따로 한적한 곳에 가서
쉬라고 하시는
예수님

마가복음 6 : 30-34

사도들이 예수께 모여 자기들이 행한 것과 가르친 것을 낱낱이 고하니 이르시되 너희는 따로 한적한 곳에 가서 잠깐 쉬어라 하시니 이는 오고 가는 사람이 많아 음식 먹을 겨를도 없음이라 이에 배를 타고 따로 한적한 곳에 갈새 그들이 가는 것을 보고 많은 사람이 그들인 줄 안지라 모든 고을로부터 도보로 그 곳에 달려와 그들보다 먼저 갔더라 예수께서 나오사 큰 무리를 보시고 그 목자 없는 양 같음으로 인하여 불쌍히 여기사 이에 여러 가지로 가르치시더라

기도 요점

예수께서 제자들에게 따로 한적한 곳에 가서 쉬라고 하시는데, 그 까닭은? 제자들과 함께 예수께서 배를 타시고 한적한 곳으로 가셨는데, 많은 사람들이 이를 알고 먼저 와서 기다리는 것을 보시고 예수께서 하신 말씀과 하신 일은?

도움의 말

사도들이 예수께 모여 자기들의 복음전도에 보고 및 귀신을 쫓아낸 것, 그리고 치유사역에 관한 것을 낱낱이 보고합니다. 이를 들으신 예수께서 그들에게 너희는 따로 한적한 곳에 가서 잠깐 쉬라 하십니다. 이는 오고 가는 사람이 많아 음식 먹을 겨를도 없었기 때문입니다. 이에 제자들과 함께 예수님께서 배를 타고 따로 한적한 곳에 갑니다. 이를 지켜보고 있던 많은 사람들이

모든 고을로부터 도보로 그 곳에 달려와 예수님과 제자들보다 먼저 갔습니다. 이 같이 예수님을 만나기 위하여 모여든 많은 이들을 보고 제자들과 함께 휴식을 취하지 못하십니다. 예수께서는 그들을 목자 없는 양 같이 보시고 불쌍히 여기시어 여러 가지로 천국복음을 가르치십니다.

33 오병이어의 사건

마가복음 6 : 35-44

때가 저물어가매 제자들이 예수께 나아와 여짜오되 이 곳은 빈 들이요 날도 저물어가니 무리를 보내어 두루 촌과 마을로 가서 무엇을 사 먹게 하옵소서 대답하여 이르시되 너희가 먹을 것을 주라 하시니 여짜오되 우리가 가서 이백 데나리온의 떡을 사다 먹이리이까 이르시되 너희에게 떡 몇 개나 있는지 가서 보라 하시니 알아보고 이르되 떡 다섯 개와 물고기 두 마리가 있더이다 하거늘 제자들에게 명하사 그 모든 사람으로 떼를 지어 푸른 잔디 위에 앉게 하시니 떼로 백 명씩 또는 오십 명씩 앉은지라 예수께서 떡 다섯 개와 물고기 두 마리를 가지사 하늘을 우러러 축사하시고 떡을 떼어 제자들에게 주어 사람들에게 나누어 주게 하시고 또 물고기 두 마리도 모든 사람에게 나누시매 다 배불리 먹고 남은 떡 조각과 물고기를 열두 바구니에 차게 거두었으며 떡을 먹은 남자는 오천 명이었더라

기도 요점

예수께서 무리들을 불쌍히 여기시어 가르치시는 동안 때가 저물어 갔을 때 제자들이 예수께 나아와 드린 말씀과 이 말이 의미하는 바는? 제자들의 이 같은 말을 들으신 예수님의 대답은 무엇이며, 또한 예수님에 대답에 대한 제자들의 반응은?

도움의 말

예수께서 무리들을 불쌍히 여기시어 가르치시는 동안 때가 저물어 갑니다. 그래서 제자들이 예수께 나아와 이곳은 빈들이며 날도 저물어가니 무리를 보내어 두루 촌과 마을로 가서 무엇을 사 먹게 하는 것이 좋겠다는 합리적인 제안을 말씀드립니다. 여기서 우리는 제자들이 당시 상황을 인간적으로 해결하

는 방법을 예수님께 제시하는 것을 볼 수 있습니다. 그러자 예수께서 그들에게 너희가 먹을 것을 주라는 뜻밖의 말씀을 하십니다. 예수님의 이 같은 뜻밖의 말씀은 예수님을 그들과 같은 성정을 가지신 인간으로만 생각하는 그들에게 예수님이 누구이신지를 생각하게 하는 기회를 주시는 말씀일 수 있습니다. 그러나 제자들은 예수님께 우리가 가서 이백 데나리온의 떡을 사다 먹이냐고 다시 여쭙니다. 이는 이백 데나리온은 당시 한 사람의 하루 임금 한 데나리온에 비하여 매우 큰 액수인데, 어찌 그들 자신의 힘으로 무리에게 떡을 사다 먹일 수가 있겠냐는 반문입니다. 그들의 말을 들으신 예수께서 현실적으로 너희에게 떡 몇 개나 있는지 가서 알아보라 하십니다. 제자들이 가서 알아보고 예수님께 떡 다섯 개와 물고기 두 마리가 있다고 보고합니다. 또 예수께서 제자들에게 명하사 그 모든 사람으로 떼를 지어 푸른 잔디 위에 앉게 하시니 떼로 백 명씩 또는 오십 명씩 앉습니다. 이때도 그들은 예수께서 겨우 떡 다섯 개와 물고기 두 마리로 무엇을 어떻게 하실지 알지 못한 채로 예수께서 명하시는 대로 행합니다. 그리하여 무리들이 떼로 백 명씩 또는 오십 명씩 앉으니 예수께서 떡 다섯 개와 물고기 두 마리를 가지시고 하늘을 우러러 축사하십니다. 유대의 전통적 식사관습에 따라 예수님은 가장의 위치에서 그리고 그 무리들은 예수님의 가족으로 삼으시어 하늘을 향하여 감사와 찬양과 기도를 하십니다. 그리고 떡을 떼어 제자들에게 주어 사람들에게 나누어 주게 하시고 또 물고기 두 마리도 예수께서 모든 사람에게 나눠 주십니다. 예수께서 떡을 직접 떼시어 제자들로 하여금 그곳의 모인 무리들에게 각각 나눠 주시고 물고기도 그렇게 하셨는데, 이 또한 유대공동식사의 가장이나 그 식탁의 주빈이 수행하였던 전통적 관례라고 합니다. 그렇지만 여기서 예수께서는 떡을 떼어서 계속 나눠주시며 또한 물고기도 제자들에게 계속 나눠주시어 분배하게 하셨습니다. 그리하여 그곳의 모든 이들이 다 배불리 먹고 남은 떡 조각과 물고기를 열두 바구니에 차게 거두었습니다. 당시 예수께서 명령하시는 대로 이해가 되지 않았지만 순종하였던 제자들과 오늘 이 말씀을 듣는 우리는 예수께서 축사하신 떡 다섯 덩이와 물고기 두 마리로 배불리 먹은 남자가 오천 명일 뿐만 아니라 먹고 남은 떡 조각과 물고기가 열두 바구니에 차게 하신 예수님의 초월적인 권능을 감지할 수 있습니다.

34 안심하라 내니 두려워하지 말라

마가복음 6 : 45-52

예수께서 즉시 제자들을 재촉하사 자기가 무리를 보내는 동안에 배 타고 앞서 건너편 벳새다로 가게 하시고 무리를 작별하신 후에 기도하러 산으로 가시니라 저물매 배는 바다 가운데 있고 예수께서는 홀로 뭍에 계시다가 바람이 거스르므로 제자들이 힘겹게 노 젓는 것을 보시고 밤 사경쯤에 바다 위로 걸어서 그들에게 오사 지나가려고 하시매 제자들이 그가 바다 위로 걸어오심을 보고 유령인가 하여 소리 지르니 그들이 다 예수를 보고 놀람이라 이에 예수께서 곧 그들에게 말씀하여 이르시되 안심하라 내니 두려워하지 말라 하시고 배에 올라 그들에게 가시니 바람이 그치는지라 제자들이 마음에 심히 놀라니 이는 그들이 그 떡 떼시던 일을 깨닫지 못하고 도리어 그 마음이 둔하여졌음이러라

기도 요점

제자들이 저문 때에 바다 가운데 있고 예수께서는 홀로 뭍에 계셨는데, 이같이 예수님과 제자들의 상황이 서로 다르게 된 까닭은? 바람이 거스르므로 제자들이 힘겹게 노 젓는 것을 보시고 밤 사경쯤에 바다 위로 걸어서 그들에게 오사 지나가려고 하시매 제자들이 그가 바다 위로 걸어오심을 보고 유령인가 하여 소리 지르니 그들이 다 예수를 보고 놀라는데, 이에 대하여 예수께서 그들에게 하신 말씀은 무엇이며, 또한 그 말씀의 의미는?

도움의 말

예수께서 즉시 제자들을 재촉하사 자기가 무리를 보내는 동안에 배 타고 앞서 건너편 벳새다로 가게 하십니다. 그리고 예수께서는 무리를 작별하신 후에 기도하러 산으로 가십니다. 저물어 가는 때 제자들이 탄 배는 바다 가운데

있고 예수께서는 홀로 뭍에 계십니다. 그러다가 바람이 거스르므로 제자들이 힘겹게 노 젓는 것을 예수께서 보시고 밤 사경쯤에 바다 위로 걸어서 그들에게 오십니다. 예수께서 기도하시려 산에 들어가셨다가 내려오셔서 해변 땅에 계시다가 힘겹게 바람을 거슬려 바다 가운데 노 젓는 제자들에게로 오시어 지나가려고 하십니다. 제자들은 예수께서 바다 위로 걸어오심을 보고 유령인가 하여 소리 지르는데, 이는 그들이 다 그들에게로 바다 위를 걸어오신 예수님을 보고 놀랐기 때문입니다. 이에 예수께서 곧 그들에게 안심하라 내니 두려워하지 말라 하십니다. 여기서 '내니'라는 예수님의 표현은 곧 신의 현현으로서 요한복음 8장 58절, '예수께서 이르시되 진실로 진실로 너희에게 이르노니 아브라함이 나기 전부터 내가 있느니라'의 말씀에서와 같이 예수님의 존재 계시로 이해됩니다. 풍랑 가운데 있는 제자들이 이러한 의미의 존재이신 예수님을 만나니 안심할 수 밖에 없는데다가 예수께서 배에 올라 그들에게 가시니 바람이 그칩니다. 제자들은 바람과 풍랑까지 잔잔하게 하실 뿐만 아니라 바다 위에 서 계신 예수님을 보고 그들의 모든 공포를 없이해 주시는 만유의 주 예수 그리스도로부터 내니 라는 말씀까지 듣게 됩니다. 이 모든 과정을 지켜본 제자들이 마음에 심히 놀랍니다. 이는 사실 그들이 예수께서 떡 다섯덩이와 물고지 두 마리로 남자 오천명을 먹이시고 그 남은 조각이 열 두 광주리가 되었던 오병이어의 사건을 깨닫지 못하고 도리어 그 마음이 둔하여졌음을 드러내는 행위입니다.

35 게네사렛에서 병자들을 고치시다

마가복음 6 : 53-56
건너가 게네사렛 땅에 이르러 대고 배에서 내리니 사람들이 곧 예수신 줄을 알고 그 온 지방으로 달려 돌아 다니며 예수께서 어디 계시다는 말을 듣는 대로 병든 자를 침상 째로 메고 나아오니 아무 데나 예수께서 들어가시는 지방이나 도시나 마을에서 병자를 시장에 두고 예수께 그의 옷 가에라도 손을 대게 하시기를 간구하니 손을 대는 자는 다 성함을 얻으니라

기도 요점
예수님과 제자들이 게네사렛 땅에 이르시어 대고 배에서 내렸을 때 사람들이 곧 예수신 줄을 알고 한 일은? 게네사렛에서 병자들을 고치시는 당시 상황을 상상해 보십시오.

도움의 말
예수님과 제자들이 함께 건너가 게네사렛 땅에 이르러 배에서 내립니다. 사람들이 곧 예수신 줄을 알고 그 온 지방으로 달려 돌아다니며 예수께서 어디 계시다는 말을 합니다. 이 말을 들은 사람들이 병든 자를 침상 째로 메고 예수께로 나아옵니다. 병든 자를 침상으로 이동하는 것을 볼 때, 게네사렛에서의 예수님의 병 고치시는 기적을 사람들이 얼마나 신뢰하고 있었는지를 감지할 수 있습니다. 아무 데나 예수께서 들어가시는 지방이나 도시나 마을에서 병자를 시장에 두고 예수께 그의 옷 가에라도 손을 대게 하시기를 간구합니다. 이와 같이 환자 보호자들은 환자들을 시장에 두고 예수님을 기다리면서 예수님의 옷 가에라도 손을 대는 자는 다 성함을 얻습니다.

36 사람의 전통을 지키려다가 하나님의 계명을 버리다

마가복음 7 : 1-8

바리새인들과 또 서기관 중 몇이 예루살렘에서 와서 예수께 모여들었다가 그의 제자 중 몇 사람이 부정한 손 곧 씻지 아니한 손으로 떡 먹는 것을 보았더라 (바리새인들과 모든 유대인들은 장로들의 전통을 지키어 손을 잘 씻지 않고서는 음식을 먹지 아니하며 또 시장에서 돌아와서도 물을 뿌리지 않고서는 먹지 아니하며 그 외에도 여러 가지를 지키어 오는 것이 있으니 잔과 주발과 놋그릇을 씻음이러라) 이에 바리새인들과 서기관들이 예수께 묻되 어찌하여 당신의 제자들은 장로들의 전통을 준행하지 아니하고 부정한 손으로 떡을 먹나이까 이르시되 이사야가 너희 외식하는 자에 대하여 잘 예언하였도다 기록하였으되 이 백성이 입술로는 나를 공경하되 마음은 내게서 멀도다 사람의 계명으로 교훈을 삼아 가르치니 나를 헛되이 경배하는도다 하였느니라 너희가 하나님의 계명은 버리고 사람의 전통을 지키느니라

기도 요점

하나님의 계명을 버리고 사람의 전통을 지켰던 자신의 경험과 또한 하나님의 계명과 사람의 전통 사이에서 갈등해 본 자신의 경험을 회상해 보십시오. 바리새인들과 서기관들이 예수께 어찌하여 당신의 제자들이 장로들의 유전을 지키지 아니하느냐고 묻자, 예수께서는 이사야 29장 13절의 말씀을 인용하시면서 그들에게 너희가 하나님의 계명을 버리고 사람의 전통을 지킨다고 대답하십니다. 예수님의 이 대답이 의미하는 바는?

도움의 말

바리새인들과 또 서기관 중 몇이 예루살렘에서 와서 예수님을 찾아옵니다.

그러다가 그들은 예수님의 제자 중 몇 사람이 부정한 손 곧 씻지 아니한 손으로 떡 먹는 것을 보았습니다. 오늘 본문에 보면 바리새인들과 모든 유대인들은 음식 먹을 때에 장로들의 전통에 따른 규례 세 가지를 지킵니다. 첫째는 손을 잘 씻지 않고서는 음식을 먹지 아니하며, 둘째는 또 시장에서 돌아와서도 물을 뿌리지 않고서는 먹지 아니하며, 셋째는 그 외에도 여러 가지를 지키어 오는 것이 있는데, 잔과 주발과 놋그릇을 씻습니다. 이러한 장로들의 유전을 지켜온 바리새인들과 서기관들이 예수님께 어찌하여 당신의 제자들은 장로들의 전통을 준행하지 아니하고 부정한 손으로 떡을 먹느냐고 묻습니다. 이에 대하여 예수께서는 이사야가 너희 외식하는 자에 대하여 잘 예언하였다고 이르시면서 29장 13절 말씀, 이 백성이 입술로는 나를 공경하되 마음은 내게서 멀도다 사람의 계명으로 교훈을 삼아 가르치니 나를 헛되이 경배한다고 하십니다. 여기서 사람의 계명이란 구전 율법으로서 장로들의 유전을 칭합니다. 바리새인들과 서기관들이 따르는 장로들의 유전은 성경에 기록된 율법만으로 삶 가운데서 야기되는 광범위한 인생의 제반사에 대한 지침을 다 알려주기 어렵기 때문에 사람들이 성경에 기초를 두고 만든 규례들입니다. 이러한 과정에서 장로들의 유전은 하나님의 본래 목적과 계명으로부터 벗어나 조상들이 만든 개개 문제에 대한 구체적인 규범들을 그들의 자손들로 하여금 맹목적으로 순종하게 함으로써 하나님의 계명은 버리고 사람의 전통을 지키게 되었다는 것을 예수께서 지적하십니다.

37 장로의 유전을 지키려
하나님의 계명을 잘 저버리는도다

마가복음 7 : 9-14

또 이르시되 너희가 너희 전통을 지키려고 하나님의 계명을 잘 저버리는도다 모세는 네 부모를 공경하라 하고 또 아버지나 어머니를 모욕하는 자는 죽임을 당하리라 하였거늘 너희는 이르되 사람이 아버지에게나 어머니에게나 말하기를 내가 드려 유익하게 할 것이 고르반 곧 하나님께 드림이 되었다고 하기만 하면 그만이라 하고 자기 아버지나 어머니에게 다시 아무 것도 하여 드리기를 허락하지 아니하여 너희가 전한 전통으로 하나님의 말씀을 폐하며 또 이같은 일을 많이 행하느니라 하시고 무리를 다시 불러 이르시되 너희는 다 내 말을 듣고 깨달으라

기도 요점

예수께서 바리새인들과 서기관들에게 너희가 너희 전통을 지키려고 하나님의 계명을 잘 저버린다고 말씀하시는데, 이 말씀이 자신에게 주는 의미는? 예수께서 바리새인들과 서기관들에게 너희가 전한 전통으로 하나님의 말씀을 폐하며 또 이 같은 일을 많이 행한다고 하시는데, 이 말씀의 의미는? 그리고 이어서 예수께서 무리를 다시 불러 이르시되 너희는 다 내 말을 듣고 깨달으라 하시는데, 이 말씀의 의미는?

도움의 말

예수께서 바리새인들과 서기관들에게 또 너희가 너희 전통을 지키려고 하나님의 계명을 잘 저버린다고 하십니다. 이는 그들의 관습이 하나님의 계명과 대립되어 있다는 것을 의미합니다. 그 예로서 모세는 네 부모를 공경하라 하며 또 아버지나 어머니를 모욕하는 자는 죽임을 당하리라 하였지만, 그들은 이르기를 사람이 아버지에게나 어머니에게나 말하기를 내가 드려 유익하

게 할 것이 고르반이라 한다고 예수께서 지적하십니다. 여기서 고르반이란 하나님께 드림이라는 의미로서 이는 곧 하나님께 드리는 물건을 가리킨다고 합니다. 그런즉 바리새인들과 서기관들은 하나님께 드림으로 자기 아버지나 어머니에게 다시 아무 것도 하여 드리기를 허락하지 아니하는데, 이것이 바로 그들이 자신의 전통을 지키기 위하여 하나님의 계명을 폐하는 행위라고 예수께서 이르십니다. 그리고 이어서 예수께서는 또 이 같은 일을 그들이 많이 행하고 있다고 하십니다. 이는 그들이 하나님의 계명과 대립되는 행위를 그들의 삶 전반에 걸쳐 많이 행하고 있다는 말씀입니다. 이 말씀을 하시고 예수께서는 무리를 다시 불러 그들에게 너희는 다 내 말을 듣고 깨달으라고 이르시는데, 이는 사람의 전통을 지키기 위하여 하나님의 말씀을 폐하는 어리석은 행위로부터 벗어나 예수님의 말씀을 따라 바른 신앙생활을 하도록 촉구하시는 말씀입니다.

38 사람을 더럽게 하는 것은

마가복음 7 : 15-23

무엇이든지 밖에서 사람에게로 들어가는 것은 능히 사람을 더럽게 하지 못하되 사람 안에서 나오는 것이 사람을 더럽게 하는 것이니라 하시고 무리를 떠나 집으로 들어가시니 제자들이 그 비유를 묻자온대 예수께서 이르시되 너희도 이렇게 깨달음이 없느냐 무엇이든지 밖에서 들어가는 것이 능히 사람을 더럽게 하지 못함을 알지 못하느냐 이는 마음으로 들어가지 아니하고 배로 들어가 뒤로 나감이라 이러므로 모든 음식물을 깨끗하다 하시니라 또 이르시되 사람에게서 나오는 그것이 사람을 더럽게 하느니라 속에서 곧 사람의 마음에서 나오는 것은 악한 생각 곧 음란과 도둑질과 살인과 간음과 탐욕과 악독과 속임과 음탕과 질투와 비방과 교만과 우매함이니 이 모든 악한 것이 다 속에서 나와서 사람을 더럽게 하느니라

기도 요점

예수께서 무엇이든지 밖에서 사람에게로 들어가는 것은 능히 사람을 더럽게 하지 못하되 사람 안에서 나오는 것이 사람을 더럽게 한다는 비유를 말씀하시고 무리를 떠나 집으로 들어가시니 제자들이 이 비유에 대하여 여쭙는데, 이에 대한 예수님의 반응은? 예수께서 사람에게서 나오는 그것이 사람을 더럽게 하느니라 속에서 곧 사람의 마음에서 나오는 것은 악한 생각 곧 음란과 도둑질과 살인과 간음과 탐욕과 악독과 속임과 음탕과 질투와 비방과 교만과 우매함이니 이 모든 악한 것이 다 속에서 나와서 사람을 더럽게 한다고 말씀하시는데, 이 말씀의 의미는?

도움의 말

예수께서 무엇이든지 밖에서 사람에게로 들어가는 것은 능히 사람을 더럽

게 하지 못하며, 오로지 사람 안에서 나오는 것이 사람을 더럽게 한다는 비유를 말씀하십니다. 그리고는 예수께서 무리를 떠나 집으로 들어가시니 제자들이 그 비유를 묻습니다. 예수께서 제자들에게 너희도 이렇게 깨달음이 없느냐고 꾸짖으시면서 무엇이든지 밖에서 들어가는 것이 능히 사람을 더럽게 하지 못하는 것을 너희가 어찌 알지 못하느냐고 나무라십니다. 이에 예수께서 그들에게 밖에서 들어가는 것은 마음으로 들어가지 아니하고 배로 들어가 뒤로 나가므로 모든 음식물을 깨끗하다 말씀하십니다. 사실 사람이 먹어서 몸 속으로 들어간 것은 위와 창자로 소화되어 배설되기 때문에 사람의 입으로 들어가는 부정한 음식과 물건 등은 사람을 부정하게 하는 것이 아닙니다. 이 말씀은 당시 바리새인들과 서기관들이 지키고 있는 정결 예식은 의미가 없다는 말씀입니다. 예수께서 말씀하시는 참으로 부정한 것은 물로 씻어 해결될 수 없는 부정의 근본 원인인데, 이는 곧 사람의 마음입니다. 이런 의미에서 사람에게 있어서 참으로 부정한 것은 사람 안에 있는 마음입니다. 그리하여 예수께서는 오직 사람에게서 나오는 그것이 사람을 더럽게 한다고 말씀하십니다. 즉 사람의 마음에서 나오는 것은 악한 생각 곧 음란과 도둑질과 살인과 간음과 탐욕과 악독과 속임과 음탕과 질투와 비방과 교만과 우매함입니다. 예수님은 이 모든 악한 것이 다 사람의 마음속에서 나와 사람을 더럽게 한다고 이르십니다.

39 수로보니게 여자의 믿음

마가복음 7 : 24-30

 예수께서 일어나사 거기를 떠나 두로 지방으로 가서 한 집에 들어가 아무도 모르게 하시려 하나 숨길 수 없더라 이에 더러운 귀신 들린 어린 딸을 둔 한 여자가 예수의 소문을 듣고 곧 와서 그 발 아래에 엎드리니 그 여자는 헬라인이요 수로보니게 족속이라 자기 딸에게서 귀신 쫓아내 주시기를 간구하거늘 예수께서 이르시되 자녀로 먼저 배불리 먹게 할지니 자녀의 떡을 취하여 개들에게 던짐이 마땅치 아니하니라 여자가 대답하여 이르되 주여 옳소이다마는 상 아래 개들도 아이들이 먹던 부스러기를 먹나이다 예수께서 이르시되 이 말을 하였으니 돌아가라 귀신이 네 딸에게서 나갔느니라 하시매 여자가 집에 돌아가 본즉 아이가 침상에 누웠고 귀신이 나갔더라

기도 요점

 헬라인이요 수로보니게 족속으로서 더러운 귀신 들린 어린 딸을 둔 한 여자가 예수님의 소문을 듣고 와서 그 발아래에 엎드려 자기 딸에게서 귀신을 쫓아내 주시기를 간구하였을 때, 예수께서 그녀에게 이르신 말씀은 무엇이며, 그 말씀의 의미는? 그녀의 간청을 들으신 예수께서 그녀에 이르신 말씀에 대한 그녀의 반응은?

도움의 말

 예수께서 일어나사 거기를 떠나 두로 지방으로 가십니다. 두로는 갈릴리 북서쪽 지중해 해안 도시로서 뵈니게 라는 지금의 레바논 지역에 위치해 있다고 합니다. 그곳 두로에서 예수님은 한 집에 들어가시어 아무도 모르게 하시려 하나 숨기실 수가 없으셨습니다. 이로 보아 예수님의 명성은 이방지역인 두로에서도 잘 알려지셨음을 알 수 있습니다. 그렇기에 이곳에 사는 더러운

귀신 들린 어린 딸을 둔 한 여자가 예수의 소문을 듣고 곧 와서 그 발아래에 엎드립니다. 헬라인이요 수로보니게 족속인 그녀는 예수께 자기 딸에게서 귀신 쫓아내 주시기를 간구하는데, 당시 그녀와 같은 이방인들은 유대인들에게 매우 적대감을 받았습니다. 예수께서 그녀에게 자녀로 먼저 배불리 먹게 할지니 자녀의 떡을 취하여 개들에게 던짐이 마땅치 아니하다고 이르십니다. 예수께서는 은유적으로 이처럼 유대민족과 이방인을 구별하시며 유대민족은 자녀라고 표현하시고 이방민족은 개라고 표현하십니다. 이는 하나님께서 택하신 선민 즉 유대인 자녀들을 배불리 먹게 하는 것이 우선적이라고 그 수로보니게 여인에게 말씀하신 것입니다. 다른 말로 표현하면, 이는 유대인 환자를 우선적으로 치유하신다는 말씀을 그녀에게 하신 것입니다. 그러자 그 여자가 예수님께 주여 옳소이다마는 상아래 개들도 아이들이 먹던 부스러기를 먹는다고 대답합니다. 여기서 수보로니게 여인은 예수님의 말씀이 옳다고 말씀드리면서도 그러나 그럼에도 불구하고 그녀는 예수님을 주라고 호칭합니다. 이는 예수님의 절대적인 주권과 능력을 믿는 그녀의 신앙고백입니다. 이같은 그녀의 신앙고백을 들으신 예수께서 이 말을 네가 하였으니 돌아가라 귀신이 네 딸에게서 나갔다고 이르십니다. 그리하여 그 여자가 집에 돌아가 본즉 아이가 침상에 누웠고 귀신이 나갔습니다.

40 귀 먹고 말 더듬는 사람을 고치시다

마가복음 7 : 31-37

 예수께서 다시 두로 지방에서 나와 시돈을 지나고 데가볼리 지방을 통과하여 갈릴리 호수에 이르시매 사람들이 귀 먹고 말 더듬는 자를 데리고 예수께 나아와 안수하여 주시기를 간구하거늘 예수께서 그 사람을 따로 데리고 무리를 떠나사 손가락을 그의 양 귀에 넣고 침을 뱉어 그의 혀에 손을 대시며 하늘을 우러러 탄식하시며 그에게 이르시되 에바다 하시니 이는 열리라는 뜻이라 그의 귀가 열리고 혀가 맺힌 것이 곧 풀려 말이 분명하여졌더라 예수께서 그들에게 경고하사 아무에게도 이르지 말라 하시되 경고하실수록 그들이 더욱 널리 전파하니 사람들이 심히 놀라 이르되 그가 모든 것을 잘하였도다 못 듣는 사람도 듣게 하고 말 못하는 사람도 말하게 한다 하니라

기도 요점

 예수님께서 귀 먹고 말 더듬는 자를 치유하시는 과정을 상상해 보십시오. 예수께서 경고하시기를 아무에게도 귀 먹고 말 더듬는 자를 치유하시고 이 과정을 지켜보았던 이들에게 이르신 말씀은?

도움의 말

 예수께서 다시 두로 지방에서 나와 시돈을 지나고 데가볼리 지방을 통과하여 갈릴리 호수에 이르십니다. 이를 아는 사람들이 귀 먹고 말 더듬는 자를 데리고 예수께 나아와 안수하여 주시기를 간구합니다. 이에 예수께서 그 사람을 따로 데리고 무리를 떠나시어 손가락을 그의 양 귀에 넣고 침을 뱉어 그의 혀에 손을 대시며 하늘을 우러러 탄식하십니다. 그리고 예수께서 그에게 이르시기를 에바다 하시니 이는 열리라는 뜻입니다. 그러자 그의 귀가 열리고 혀가 맺힌 것이 곧 풀려 말이 분명하여졌습니다. 그런데 예수께서 그들에

게 경고하사 아무에게도 이르지 말라 하십니다. 그러나 예수께서 경고하실수록 그들이 더욱 널리 전파하니 사람들이 심히 놀라 이르기를 그가 모든 것을 잘하였다고 하면서 못 듣는 사람도 듣게 하고 말 못하는 사람도 말하게 한다 합니다.

41 무리를 불쌍히 여기시는 예수님

마가복음 8 : 1-10

 그 무렵에 또 큰 무리가 있어 먹을 것이 없는지라 예수께서 제자들을 불러 이르시되 내가 무리를 불쌍히 여기노라 그들이 나와 함께 있은 지 이미 사흘이 지났으나 먹을 것이 없도다 만일 내가 그들을 굶겨 집으로 보내면 길에서 기진하리라 그 중에는 멀리서 온 사람들도 있느니라 제자들이 대답하되 이 광야 어디서 떡을 얻어 이 사람들로 배부르게 할 수 있으리이까 예수께서 물으시되 너희에게 떡 몇 개나 있느냐 이르되 일곱이로소이다 하거늘 예수께서 무리를 명하여 땅에 앉게 하시고 떡 일곱 개를 가지사 축사하시고 떼어 제자들에게 주어 나누어 주게 하시니 제자들이 무리에게 나누어 주더라 또 작은 생선 두어 마리가 있는지라 이에 축복하시고 명하사 이것도 나누어 주게 하시니 배불리 먹고 남은 조각 일곱 광주리를 거두었으며 사람은 약 사천 명이었더라 예수께서 그들을 흩어 보내시고 곧 제자들과 함께 배에 오르사 달마누다 지방으로 가시니라

기도 요점

 예수님께서 무리들을 불쌍히 여기신 까닭은? 무리를 불쌍히 여기시어 예수께서 하신 일은?

도움의 말

 귀 먹고 말 더듬는 사람을 고치신 그 무렵에 또 큰 무리가 있는데 먹을 것이 없었습니다. 이 무리들은 예수님의 가르치심을 들으려 모여든 사람들입니다. 이 무리들을 불쌍히 여기시는 예수께서 제자들을 불러 이르시기를 그들이 나와 함께 있은 지 이미 사흘이 지났으나 먹을 것이 없다고 하십니다. 예수께서 만일 내가 그들을 굶겨 집으로 보내면 길에서 기진할 것이며 그들 중에는 멀

리서 온 사람들도 있다고 염려하십니다. 여기서 우리는 예수님께서 얼마나 그 무리들을 사랑하고 계시는 것을 감지할 수 있습니다. 이 같은 예수님의 염려의 말씀을 들은 제자들이 이 광야 어디서 떡을 얻어 이 사람들로 배부르게 할 수 있겠냐고 대답합니다. 이는 광야에서 이 많은 사람들에게 먹을 것을 공급할 수 없다는 그들의 생각을 예수님께 말씀드린 것입니다. 그러자 예수께서 그들에게 물으시기를 너희에게 떡 몇 개나 있느냐 하시니 그들이 일곱이라 말씀드립니다. 제자들의 말을 들으신 예수께서 무리를 명하여 땅에 앉게 하시고 떡 일곱 개를 가지고 축사하시고 떼어 제자들에게 주어 나누어 주게 하십니다. 그리하여 제자들이 무리에게 떡을 나누어 줍니다. 또 작은 생선 두어 마리가 있는지라 이에 예수께서 축복하시고 제자들에게 이것도 나누어 주게 하십니다. 이로 인하여 무리들이 배불리 먹고 남은 조각 일곱 광주리를 거두었는데, 사람은 약 사천 명이었습니다. 예수께서는 그들에게 필요한 것을 이처럼 넘치게 주시고 난 후 그들을 흩어 보내시고 곧 제자들과 함께 배에 오르시어 달마누다 지방으로 가십니다.

42 어찌하여 이 세대가 표적을 구하느냐

마가복음 8 : 11-13

바리새인들이 나와서 예수를 힐난하며 그를 시험하여 하늘로부터 오는 표적을 구하거늘 예수께서 마음속으로 깊이 탄식하시며 이르시되 어찌하여 이 세대가 표적을 구하느냐 내가 진실로 너희에게 이르노니 이 세대에 표적을 주지 아니하리라 하시고 그들을 떠나 다시 배에 올라 건너편으로 가시니라

기도 요점

바리새인들이 예수님을 힐난하고 시험하면서 예수께 요구한 하늘로부터 오는 표적이란? 이러한 바리새인의 요구에 대한 예수님의 반응은?

도움의 말

바리새인들이 나와서 예수님을 힐난하며 그를 시험하여 하늘로부터 오는 표적을 구합니다. 당시 바리새인들은 예수께 지상의 각종 이적들이 아닌 오로지 하늘로부터 오는 표적으로서 모세 때의 만나 사건과 여호수아 때의 태양과 달이 멈췄던 사건 등처럼 오로지 하늘로부터 오는 초자연적인 표적을 요구합니다. 그들이 예수께 이 같이 하늘로부터 오는 표적은 구하였던 것은 예수님을 믿기 위하여서가 아니라 예수님이 하늘로부터 온 메시야 인지를 시험하기 위하여 그들 앞에서 입증해 보라는 요구입니다. 이에 예수께서 마음속으로 깊이 탄식하시며 이르시기를 어찌하여 이 세대가 표적을 구하느냐고 하십니다. 이어서 예수님은 그들에게 내가 진실로 너희에게 이르노니 이 세대에 표적을 주지 아니하리라 하십니다. 그리고는 그들을 떠나 다시 배에 올라 건너편으로 가십니다.

43 바리새인들의 누룩과 헤롯의 누룩을 주의하라

마가복음 8 : 14-21

제자들이 떡 가져오기를 잊었으매 배에 떡 한 개밖에 그들에게 없더라 예수께서 경고하여 이르시되 삼가 바리새인들의 누룩과 헤롯의 누룩을 주의하라 하시니 제자들이 서로 수군거리기를 이는 우리에게 떡이 없음이로다 하거늘 예수께서 아시고 이르시되 너희가 어찌 떡이 없음으로 수군거리느냐 아직도 알지 못하며 깨닫지 못하느냐 너희 마음이 둔하냐 너희가 눈이 있어도 보지 못하며 귀가 있어도 듣지 못하느냐 또 기억하지 못하느냐 내가 떡 다섯 개를 오천 명에게 떼어 줄 때에 조각 몇 바구니를 거두었더냐 이르되 열둘이니이다 또 일곱 개를 사천 명에게 떼어 줄 때에 조각 몇 광주리를 거두었더냐 이르되 일곱이니이다 이르시되 아직도 깨닫지 못하느냐 하시니라

기도 요점

제자들이 떡 가져오기를 잊었으매 배에 떡 한 개밖에 그들에게 없는데, 예수께서 경고하여 이르시되 삼가 바리새인들의 누룩과 헤롯의 누룩을 주의하라 하십니다. 이에 대한 제자들의 반응은? 제자들의 반응을 보시고 그들을 향하여 예수께서 책망하신 말씀은? 그들을 책망하신 후, 그들에게 예수께서 떡 다섯 개로 천 명에게 먹이시고 남은 열둘 바구니와 또 일곱 개로 사천 명에게 먹이시고 남은 일곱 바구니를 회상하게 하시며 그들에게 이르시기를 너희가 아직도 깨닫지 못하느냐고 하시는데, 여기서 예수께서 그들이 깨닫기를 바라는 것은 무엇입니까?

도움의 말

제자들이 사천 명을 먹이고 남은 떡 가져오기를 잊었으므로 그들에게는 배에 떡 한 개밖에 없었습니다. 예수께서 경고하여 이르시기를 삼가 바리새인

들의 누룩과 헤롯의 누룩을 주의하라 하시니 그들은 수군거리며 이 말씀을 하시는 것은 우리에게 떡이 없기 때문이라고 서로 말합니다. 이를 아시고 예수께서 그들에게 두 가지 책망의 말씀을 하십니다. 하나는 너희가 어찌 떡이 없음으로 수군거리느냐 아직도 알지 못하며 깨닫지 못하느냐 너희 마음이 둔하냐고 나무라십니다. 다른 하나는 너희가 눈이 있어도 보지 못하며 귀가 있어도 듣지 못하느냐 또 기억하지 못하느냐 라는 이사야 6장 9-10절 말씀을 인용하면서 나무라십니다. 이 나무람은 제자들에게 뿐만 아니라 미련하고 돌이킬 줄 모르고 하나님의 뜻을 거부하는 유대백성들을 향한 심판적 탄식과 책망입니다. 그리고 이어서 예수께서는 제자들에게 예수님이 행하셨던 떡과 관련된 기적사건 두 가지를 회상하게 하시려 두 가지 질문을 덧붙여 하십니다. 하나는 내가 떡 다섯 개로 오천 명에게 떼어 줄 때에 조각 몇 바구니를 거두었느냐 라는 질문입니다. 이 질문에 대하여 제자들은 열둘이라 대답합니다. 다른 하나는 떡 일곱 개를 사천 명에게 떼어 줄 때에 조각 몇 광주리를 거두었느냐 라는 질문입니다. 이에 대하여 그들은 일곱이라 대답합니다. 이 같은 그들의 대답을 들으신 예수께서 그들에게 이르시기를 너희가 아직도 깨닫지 못하느냐고 반문하십니다. 이는 예수님의 말씀은 단순히 떡과 누룩에 관한 것이 아니라 바리새인과 사두개인의 교훈에 그들이 주의해야 될 것을 깨달아야 된다는 말씀입니다.

44 벳새다에서 맹인을 고치시는 예수님

마가복음 8 : 22-26

 벳새다에 이르매 사람들이 맹인 한 사람을 데리고 예수께 나아와 손 대시기를 구하거늘 예수께서 맹인의 손을 붙잡으시고 마을 밖으로 데리고 나가사 눈에 침을 뱉으시며 그에게 안수하시고 무엇이 보이느냐 물으시니 쳐다보며 이르되 사람들이 보이나이다 나무 같은 것들이 걸어 가는 것을 보나이다 하거늘 이에 그 눈에 다시 안수하시매 그가 주목하여 보더니 나아서 모든 것을 밝히 보는지라 예수께서 그 사람을 집으로 보내시며 이르시되 마을에는 들어가지 말라 하시니라

기도 요점

 벳새다에서 맹인을 치유하시는 당시 상황을 상상해 보십시오. 맹인이 온전히 모든 것을 밝히 보게 되자 예수께서 그에게 명하신 말씀은?

도움의 말

 예수께서 벳새다에 이르시니 사람들이 맹인 한 사람을 데리고 예수께 나아와 손대시기를 구합니다. 예수께서 맹인의 손을 붙잡으시고 마을 밖으로 데리고 나가시어 눈에 침을 뱉으시며 그에게 안수하시고 무엇이 보이느냐고 물으십니다. 그가 예수님을 쳐다보며 이르기를 사람들이 보이며 나무 같은 것들이 걸어가는 것이 보인다고 말합니다. 이에 예수께서 눈에 다시 안수하시니 그가 나아서 모든 것을 밝히 보게 됩니다. 그러자 예수께서 그 사람을 집으로 보내시며 이르시기를 마을에는 들어가지 말라 하십니다.

45 사탄아 내 뒤로 물러가라

마가복음 8 : 27-34

 예수와 제자들이 빌립보 가이사랴 여러 마을로 나가실새 길에서 제자들에게 물어 이르시되 사람들이 나를 누구라고 하느냐 제자들이 여짜와 이르되 세례 요한이라 하고 더러는 엘리야, 더러는 선지자 중의 하나라 하나이다 또 물으시되 너희는 나를 누구라 하느냐 베드로가 대답하여 이르되 주는 그리스도시니이다 하매 이에 자기의 일을 아무에게도 말하지 말라 경고하시고 인자가 많은 고난을 받고 장로들과 대제사장들과 서기관들에게 버린 바 되어 죽임을 당하고 사흘 만에 살아나야 할 것을 비로소 그들에게 가르치시되 드러내 놓고 이 말씀을 하시니 베드로가 예수를 붙들고 항변하매 예수께서 돌이키사 제자들을 보시며 베드로를 꾸짖어 이르시되 사탄아 내 뒤로 물러가라 네가 하나님의 일을 생각하지 아니하고 도리어 사람의 일을 생각하는도다 하시고 무리와 제자들을 불러 이르시되 누구든지 나를 따라오려거든 자기를 부인하고 자기 십자가를 지고 나를 따를 것이니라

기도 요점

 베드로가 예수님으로부터 사탄아 내 뒤로 물러가라는 꾸짖음을 들은 까닭은? 예수님을 따르는 무리와 제자들을 부르시어 누구든지 나를 따라오려거든 자기를 부인하고 자기 십자가를 지고 나를 따를 것이니라고 이르시는 말씀을 묵상하십시오.

도움의 말

 예수와 제자들이 갈릴리 호수 북방에 있는 헤르몬산 기슭에 위치한 빌립보 가이사랴 여러 마을로 나가십니다. 그 마을들로 가시는 길에 예수께서 제자들에게 사람들이 나를 누구라고 하느냐고 물으십니다. 제자들은 이 물음에

대하여 더러는 세례 요한이라 하고, 더러는 엘리야, 더러는 선지자 중의 하나라 하는 이들이 있다고 말씀드립니다. 그러자 또 예수께서 제자들에게 너희는 나를 누구라 하느냐고 물으십니다. 이에 베드로가 주는 그리스도시라고 대답합니다. 이를 들으신 예수께서 자기의 일을 아무에게도 말하지 말라 경고하십니다. 그리고 이어서 예수께서는 비로소 제자들에게 인자가 많은 고난을 받고 장로들과 대제사장들과 서기관들에게 버린바 되어 죽임을 당하고 사흘 만에 살아나야 할 것을 가르치십니다. 이 같은 말씀을 들은 베드로가 예수를 붙들고 항변합니다. 이에 예수께서 돌이키사 제자들을 보시며 베드로를 꾸짖어 사탄아 내 뒤로 물러가라 이르십니다. 여기서 예수께서 이 같이 꾸짖으신 것은 베드로가 하나님의 일을 생각하지 아니하고 도리어 사람의 일을 생각하였기 때문입니다. 그리고 나서 예수님은 제자들뿐만 아니라 예수님을 따르기로 결심한 무리를 불러 이르시기를 누구든지 나를 따라오려거든 자기를 부인하고 자기 십자가를 지고 나를 따를 것이라고 이르십니다.

46 누구든지 나와 복음을 위하여 자기 목숨을 잃으면 구원하리라

마가복음 8 : 35-38

누구든지 자기 목숨을 구원하고자 하면 잃을 것이요 누구든지 나와 복음을 위하여 자기 목숨을 잃으면 구원하리라 사람이 만일 온 천하를 얻고도 자기 목숨을 잃으면 무엇이 유익하리요 사람이 무엇을 주고 자기 목숨과 바꾸겠느냐 누구든지 이 음란하고 죄 많은 세대에서 나와 내 말을 부끄러워하면 인자도 아버지의 영광으로 거룩한 천사들과 함께 올 때에 그 사람을 부끄러워하리라

기도 요점

예수께서 누구든지 이 음란하고 죄 많은 세대에서 나와 내 말을 부끄러워하면 인자도 아버지의 영광으로 거룩한 천사들과 함께 올 때에 그 사람을 부끄러워하리라는 말씀을 자기를 따르는 이들에게 말씀하시는데, 이 말씀의 의미는? 누구든지 자기 목숨을 구원하고자 하면 잃을 것이요 누구든지 나와 복음을 위하여 자기 목숨을 잃으면 구원하리라는 예수님의 말씀을 묵상하십시오.

도움의 말

예수께서 예수님을 따르는 무리와 제자들에게 세 가지 말씀을 하십니다. 첫째는 누구든지 자기 목숨을 구원하고자 하면 잃을 것이요 누구든지 나와 복음을 위하여 자기 목숨을 잃으면 구원하리라는 말씀입니다. 이는 예수님을 따르는 사람은 누구든지 자기를 부인할 뿐만 아니라 예수님과 복음을 위하여 고난과 죽음도 감수한다는 말씀입니다. 둘째는 사람이 만일 온 천하를 얻고도 자기 목숨을 잃으면 무엇이 유익하리요 사람이 무엇을 주고 자기 목숨과 바꾸겠느냐는 말씀입니다. 이는 예수님을 따르는 사람은 자신의 목숨과 바꿀

수 있는 것은 예수님과 복음이라는 말씀입니다. 셋째는 누구든지 이 음란하고 죄 많은 세대에서 나와 내 말을 부끄러워하면 인자도 아버지의 영광으로 거룩한 천사들과 함께 올 때에 그 사람을 부끄러워하리라는 말씀입니다. 이는 예수님을 모독하고 교회를 업신여긴 그 사람은 인자가 영광으로 거룩한 천사들과 함께 오시는 종말에 부끄러움을 당할 것이므로 예수님을 따르는 그리스도인들에게 죽음을 각오한 믿음으로 주의 길을 따라오라고 촉구하시는 말씀입니다.

47 변형되신 예수님과 더불어 말하는 엘리야와 모세

마가복음 9 : 1-6

또 그들에게 이르시되 내가 진실로 너희에게 이르노니 여기 서 있는 사람 중에는 죽기 전에 하나님의 나라가 권능으로 임하는 것을 볼 자들도 있느니라 하시니 엿새 후에 예수께서 베드로와 야고보와 요한을 데리시고 따로 높은 산에 올라가셨더니 그들 앞에서 변형되사 그 옷이 광채가 나며 세상에서 빨래하는 자가 그렇게 희게 할 수 없을 만큼 매우 희어졌더라 이에 엘리야가 모세와 함께 그들에게 나타나 예수와 더불어 말하거늘 베드로가 예수께 고하되 랍비여 우리가 여기 있는 것이 좋사오니 우리가 초막 셋을 짓되 하나는 주를 위하여, 하나는 모세를 위하여, 하나는 엘리야를 위하여 하사이다 하니 이는 그들이 몹시 무서워하므로 그가 무슨 말을 할지 알지 못함이더라

기도 요점

예수께서 베드로와 야고보와 요한을 데리시고 따로 높은 산에 올라가셨는데, 그곳에서 그들이 광채 나는 예수님과 더불어 엘리야와 모세가 말하는 것을 보는데, 이를 본 베드로가 예수께 한 말은? 이 같은 말을 베드로가 하였던 까닭은?

도움의 말

예수께서 자신을 따르는 무리와 제자들에게 이르시기를 여기 서 있는 그들 중에는 죽기 전에 하나님의 나라가 권능으로 임하는 것을 볼 자들도 있다고 하십니다. 그리고 엿새 후에 예수께서 베드로와 야고보와 요한을 데리시고 따로 높은 산에 올라가셨습니다. 그 산에서 예수님은 그들 앞에서 변형되사 그 옷이 광채가 나며 세상에서 빨래하는 자가 그렇게 희게 할 수 없을 만큼

매우 희어졌습니다. 이에 엘리야가 모세와 함께 그들에게 나타나 예수와 더불어 말합니다. 이를 지켜 본 베드로가 예수께 고하기를 랍비여 우리가 여기 있는 것이 좋사오니 우리가 초막 셋을 짓되 하나는 주를 위하여, 하나는 모세를 위하여, 하나는 엘리야를 위하여 하자고 합니다. 이는 그들이 몹시 무서워하므로 그가 무슨 말을 할지 알지 못함이라고 기록되어 있습니다.

48 이는 내 사랑하는 아들이니 너희는 그의 말을 들으라

마가복음 9 : 7-13

　마침 구름이 와서 그들을 덮으며 구름 속에서 소리가 나되 이는 내 사랑하는 아들이니 너희는 그의 말을 들으라 하는지라 문득 둘러보니 아무도 보이지 아니하고 오직 예수와 자기들뿐이었더라 그들이 산에서 내려올 때에 예수께서 경고하시되 인자가 죽은 자 가운데서 살아날 때까지는 본 것을 아무에게도 이르지 말라 하시니 그들이 이 말씀을 마음에 두며 서로 문의하되 죽은 자 가운데서 살아나는 것이 무엇일까 하고 이에 예수께 묻자와 이르되 어찌하여 서기관들이 엘리야가 먼저 와야 하리라 하나이까 이르시되 엘리야가 과연 먼저 와서 모든 것을 회복하거니와 어찌 인자에 대하여 기록하기를 많은 고난을 받고 멸시를 당하리라 하였느냐 그러나 내가 너희에게 이르노니 엘리야가 왔으되 기록된 바와 같이 사람들이 함부로 대우하였느니라 하시니라

기도 요점

　높은 산에서 예수께서 변형되신 것과 엘리야와 모세와 함께 더불어 말하는 것을 베드로 야고보 요한이 보고, 베드로가 초막 셋을 짓겠다는 말을 하고 있는데 마침 구름이 와서 그들을 덮었을 때 그들이 구름 속에서 들은 음성은? 예수께서 변형되신 산에서 제자들과 함께 내려오실 때 베드로와 야고보와 요한에게 경고하신 말씀은? 또한 예수님의 경고의 말씀에 대한 그들의 반응은?

도움의 말

　높은 산에서 예수께서 변형되신 것과 엘리야와 모세와 함께 더불어 말하는 것을 베드로 야고보 요한이 보고, 베드로가 초막 셋을 짓겠다는 말을 하고 있는데 마침 구름이 와서 그들을 덮습니다. 여기서 구름이 왔다는 것은 하나님

께서 직접 개입하신 것을 의미합니다. 그들은 구름 속에서 이는 내 사랑하는 아들이니 너희는 그의 말을 들으라는 하나님의 음성을 듣습니다. 이에 그들이 문득 둘러보니 아무도 보이지 아니하고 오직 예수와 자기들뿐이었습니다. 그리고 나서 그들이 예수님과 산에서 내려오는데, 그 때에 예수께서 그들에게 인자가 죽은 자 가운데서 살아날 때까지는 산에서 본 그들의 신비적 체험을 아무에게도 이르지 말라 경고하십니다. 그리하여 그들이 이 말씀을 마음에 두었지만 예수님의 죽으심과 또 죽은 자 가운데서 부활하는 것이 무엇인지를 알지 못하였던 것 같습니다. 그래서 그들은 이에 대하여 예수님께 직접적으로 묻지 못하고 대신 어찌하여 서기관들이 엘리야가 먼저 와야 하리라고 하느냐는 질문을 합니다. 당시 종말론에 대한 서기관들의 가르침이 말라기 3장에 근거하여 메시야가 오시기 전에 엘리야가 먼저 올 것이라고 가르쳤다고 합니다. 이에 예수께서 그들에게 엘리야가 과연 먼저 와서 모든 것을 회복하거니와 사람들이 함부로 대우하였다고 말씀해 주십니다. 그리고 이어서 예수께서는 인자가 많은 고난을 받고 멸시를 당하고 죽으실 수밖에 없음을 분명하게 그들에게 말씀해 주십니다.

49 할 수 있거든이 무슨 말이냐 믿는 자에게는 능히 하지 못할 일이 없느니라

마가복음 9 : 14-24

 이에 그들이 제자들에게 와서 보니 큰 무리가 그들을 둘러싸고 서기관들이 그들과 더불어 변론하고 있더라 온 무리가 곧 예수를 보고 매우 놀라며 달려와 문안하거늘 예수께서 물으시되 너희가 무엇을 그들과 변론하느냐 무리 중의 하나가 대답하되 선생님 말 못하게 귀신 들린 내 아들을 선생님께 데려왔나이다 귀신이 어디서든지 그를 잡으면 거꾸러져 거품을 흘리며 이를 갈며 그리고 파리해지는지라 내가 선생님의 제자들에게 내쫓아 달라 하였으나 그들이 능히 하지 못하더이다 대답하여 이르시되 믿음이 없는 세대여 내가 얼마나 너희와 함께 있으며 얼마나 너희에게 참으리요 그를 내게로 데려오라 하시매 이에 데리고 오니 귀신이 예수를 보고 곧 그 아이로 심히 경련을 일으키게 하는지라 그가 땅에 엎드러져 구르며 거품을 흘리더라 예수께서 그 아버지에게 물으시되 언제부터 이렇게 되었느냐 하시니 이르되 어릴 때부터니이다 귀신이 그를 죽이려고 불과 물에 자주 던졌나이다 그러나 무엇을 하실 수 있거든 우리를 불쌍히 여기사 도와 주옵소서 예수께서 이르시되 할 수 있거든이 무슨 말이냐 믿는 자에게는 능히 하지 못할 일이 없느니라 하시니 곧 그 아이의 아버지가 소리를 질러 이르되 내가 믿나이다 나의 믿음 없는 것을 도와주소서 하더라

기도 요점

 악한 귀신들린 아들을 둔 아버지가 예수께 와 무엇을 하실 수 있거든 우리를 불쌍히 여기사 도와주옵소서라고 이릅니다. 이 말에 대한 예수님의 반응은? 그 아이의 아버지가 예수님께 내가 믿나이다 나의 믿음 없는 것을 도와주소서라고 소리친 까닭은?

도움의 말

 높은 산에서 내려온 예수님과 베드로와 야고보와 요한이 제자들에게 와서 보니 큰 무리가 그들을 둘러싸고 서기관들이 그들과 더불어 변론하고 있었습니다. 온 무리가 곧 예수님을 보고 매우 놀라며 달려와 문안합니다. 예수께서 그들에게 너희가 무엇을 그들과 변론하느냐고 물으십니다. 사실 하나님의 나라는 말에 있지 않고 오직 능력에 있을 뿐입니다. 그러므로 하나님의 나라는 변론으로 되는 것이 아닙니다. 이 같은 예수님의 말씀을 제자들이 듣고 있는데, 무리 중의 하나가 말 못하게 하는 귀신이 들린 내 아들을 선생님께 데려왔다고 말합니다. 그리고 이어 그는 자기 아들의 상태에 관하여 예수께 말씀드리기를 귀신이 어디서든지 그를 잡으면 거꾸러져 거품을 흘리며 이를 갈며 그리고 파리해진다고 합니다. 이 같이 상세한 보고를 드린 그가 그 아들을 예수님의 제자들에게 데려가 귀신을 내쫓아 달라 하였지만 그들이 능히 치유하지 못하였다고 예수님께 또한 보고합니다. 이 말을 들으신 예수께서 믿음이 없는 세대여 내가 얼마나 너희와 함께 있으며 얼마나 너희에게 참으리요 그를 내게로 데려오라 하십니다. 이에 데리고 오니 귀신이 예수님을 보고 곧 그 아이로 심히 경련을 일으키게 함으로 그가 땅에 엎드러져 구르며 거품을 흘립니다. 이 같은 행동은 귀신이 예수께서 자신을 항복하게 하여 추방시킬 것을 알아차렸다는 증거입니다. 이를 지켜보신 예수께서 그 아버지에게 이 아이가 언제부터 이렇게 되었느냐 하십니다. 그러자 그 아버지는 어릴 때부터인데, 귀신이 그를 죽이려고 불과 물에 자주 던졌다고 이릅니다. 여기까지 예수께 말씀을 드린 그는 무엇을 하실 수 있거든 우리를 불쌍히 여기시어 도와 달라고 말합니다. 이에 예수께서 이르시기를 할 수 있거든이 무슨 말이냐 믿는 자에게는 능치 못할 일이 없다고 하십니다. 즉 이는 예수님을 믿는 믿음을 가진 사람에게는 가능하지 않은 것이 없다는 말씀입니다. 이 같은 예수님의 말씀을 들은 그 아이의 아버지는 곧 내가 믿나이다 나의 믿음 없는 것을 도와주소서라고 소리를 칩니다.

---

50 어찌하여 우리는 능히 그 귀신을 쫓아내지 못하였나이까

마가복음 9 : 25-29

　예수께서 무리가 달려와 모이는 것을 보시고 그 더러운 귀신을 꾸짖어 이르시되 말 못하고 못 듣는 귀신아 내가 네게 명하노니 그 아이에게서 나오고 다시 들어가지 말라 하시매 귀신이 소리 지르며 아이로 심히 경련을 일으키게 하고 나가니 그 아이가 죽은 것 같이 되어 많은 사람이 말하기를 죽었다 하나 예수께서 그 손을 잡아 일으키시니 이에 일어서니라 집에 들어가시매 제자들이 조용히 묻자오되 우리는 어찌하여 능히 그 귀신을 쫓아내지 못하였나이까 이르시되 기도 외에 다른 것으로는 이런 종류가 나갈 수 없느니라 하시니라

기도 요점

　더러운 귀신이 들린 아이 안에 있는 귀신을 꾸짖어 예수께서 이르시되 말 못하고 못 듣는 귀신아 내가 네게 명하노니 그 아이에게서 나오고 다시 들어가지 말라 명령하셨을 때 일어난 일들은? 예수께서 집에 들어가시자 제자들이 조용히 묻기를 우리는 어찌하여 능히 그 귀신을 쫓아내지 못하였느냐고 여쭙자 예수께서 그들에게 하신 대답은?

도움의 말

　예수께서 무리가 달려와 모이는 것을 보시고 그 더러운 귀신을 꾸짖습니다. 구체적으로 예수께서 말 못하고 못 듣는 귀신아 내가 네게 명하노니 그 아이에게서 나오고 다시 들어가지 말라 명령하십니다. 그러자 귀신이 소리 지르며 아이로 심히 경련을 일으키게 하고 나갑니다. 그리하여 그 아이가 죽은 것 같이 되어 있으므로 많은 사람들이 말하기를 그가 죽었다고 합니다. 이에 예수께서 그 아이의 손을 잡아 일으키시니 그 아이가 일어납니다. 그리고는 예

수께서 집에 들어가십니다. 제자들도 예수님과 함께 집에 들어가 조용히 묻기를 우리는 어찌하여 능히 그 귀신을 쫓아내지 못하였느냐고 묻습니다. 그들의 질문에 예수께서는 기도 외에 다른 것으로는 이런 종류가 나갈 수 없다고 이르십니다.

51 죽음과 부활을 두 번째로 말씀하시는 예수님

마가복음 9 : 30-32

그 곳을 떠나 갈릴리 가운데로 지날새 예수께서 아무에게도 알리고자 아니하시니 이는 제자들을 가르치시며 또 인자가 사람들의 손에 넘겨져 죽임을 당하고 죽은 지 삼 일만에 살아나리라는 것을 말씀하셨기 때문이더라 그러나 제자들은 이 말씀을 깨닫지 못하고 묻기도 두려워하더라

기도 요점

예수께서 귀신들린 아이를 치유하신 후 그곳을 떠나 갈릴리 가운데로 가시며 이를 아무에게도 알리지 아니하셨는데, 그 이유는? 예수께서 제자들에게 두 번째로 자신의 죽음과 부활에 관하여 말씀하셨는데, 이에 대한 그들의 반응은?

도움의 말

예수께서 높은 산에서 변형된 사건이후 그 산에서 베드로와 야고보와 요한과 함께 내려오시어 귀신 들린 아이를 치유하십니다. 그리고 이곳을 떠나 예수께서 갈릴리 가운데로 지나가시는데 이를 아무에게도 알리고자 아니하십니다. 그 이유는 예수께서 제자들을 가르치시기 위해서이며, 또한 인자가 사람들의 손에 넘겨져 죽임을 당하고 죽은 지 삼 일만에 살아나리라는 것을 말씀하셨기 때문입니다. 그러나 제자들은 이 말씀을 깨닫지 못하지만 이에 관하여 묻는 것도 두려워합니다.

52 누가 크냐

마가복음 9 : 33-37

가버나움에 이르러 집에 계실새 제자들에게 물으시되 너희가 길에서 서로 토론한 것이 무엇이냐 하시되 그들이 잠잠하니 이는 길에서 서로 누가 크냐 하고 쟁론하였음이라 예수께서 앉으사 열두 제자를 불러서 이르시되 누구든지 첫째가 되고자 하면 뭇 사람의 끝이 되며 뭇 사람을 섬기는 자가 되어야 하리라 하시고 어린 아이 하나를 데려다가 그들 가운데 세우시고 안으시며 제자들에게 이르시되 누구든지 내 이름으로 이런 어린 아이 하나를 영접하면 곧 나를 영접함이요 누구든지 나를 영접하면 나를 영접함이 아니요 나를 보내신 이를 영접함이니라

기도 요점

제자들이 길에서 서론 누가 크냐 하고 쟁론하였는데, 이를 알아차리신 예수께서 그들에게 큰 자에 대한 가르침을 주십니다. 주께서 제자들에게 말씀해 주신 큰 자는? 어린 아이 하나를 데려다가 그들 가운데 세우시고 안으시며 제자들에게 이르시되 누구든지 내 이름으로 이런 어린 아이 하나를 영접하면 곧 나를 영접함이요 누구든지 나를 영접하면 나를 영접함이 아니요 나를 보내신 이를 영접함이니 라는 예수님의 말씀을 묵상하십시오.

도움의 말

가버나움에 이르러 집에 계실 때 예수께서 제자들에게 너희가 길에서 서로 토론한 것이 무엇이냐 물으십니다. 그런데 그들이 아무 말씀도 못 드리고 잠잠합니다. 그 이유는 길에서 그들이 서로 누가 크냐 하고 쟁론하였기 때문입니다. 이로 보아 당시 제자들 사이에서는 서열이 분명히 서 있지 않았던 것으로 보입니다. 예수님의 질문에 그들이 침묵을 지키자 예수께서는 앉으시어

열두 제자를 불러서 두 가지 말씀을 하십니다. 하나는 누구든지 첫째가 되고자 하면 뭇 사람의 끝이 되며 뭇 사람을 섬기는 자가 되어야 한다는 말씀입니다. 다른 하나는 어린 아이 하나를 데려다가 그들 가운데 세우시고 안으시며 제자들에게 이르시기를 누구든지 내 이름으로 이런 어린 아이 하나를 영접하면 곧 나를 영접하는 것이라고 말씀하십니다. 당시 어린아이는 가장 낮은 자로 여겼기 때문에 예수께서는 제자들에게 큰 자가 되기를 원하는 사람은 가장 낮은 자인 어린아이를 예수님의 이름으로 영접하면 이것이 바로 나를 영접하는 것이 된다고 이르십니다. 그리고 이어서 예수께서는 누구든지 나를 영접하면 나를 영접함이 아니요 나를 보내신 이를 영접하는 것이라고 이르십니다.

53 우리를 위하는 사람

마가복음 9 : 38-40

요한이 예수께 여짜오되 선생님 우리를 따르지 않는 어떤 자가 주의 이름으로 귀신을 내쫓는 것을 우리가 보고 우리를 따르지 아니하므로 금하였나이다 예수께서 이르시되 금하지 말라 내 이름을 의탁하여 능한 일을 행하고 즉시로 나를 비방할 자가 없느니라 우리를 반대하지 않는 자는 우리를 위하는 자니라

기도 요점

우리를 위하는 사람은? 요한이 예수님께 우리를 따르지 않는 어떤 자가 주의 이름으로 귀신을 내쫓는 것을 우리가 보고 우리를 따르지 아니하므로 금하였다고 말씀드리자, 이에 대한 예수님의 말씀은?

도움의 말

요한이 예수께 여쭙기를 선생님 우리를 따르지 않는 어떤 자가 주의 이름으로 귀신을 내쫓는 것을 우리가 보았습니다. 그런데 그 사람은 우리를 따르지 아니하므로 그에게 이를 금하였다고 요한이 예수님께 말씀드립니다. 이에 예수께서 이르시기를 금하지 말라 내 이름을 의탁하여 능한 일을 행하고 즉시로 나를 비방할 자가 없다 하십니다. 그리고 이어서 예수께서는 요한에게 우리를 반대하지 않는 자는 우리를 위하는 자라 이르십니다.

54 나를 믿는 이 소자 중 하나도 실족치 않게 하라

마가복음 9 : 41-42

누구든지 너희가 그리스도에게 속한 자라 하여 물 한 그릇이라도 주면 내가 진실로 너희에게 이르노니 그가 결코 상을 잃지 않으리라 또 누구든지 나를 믿는 이 작은 자들 중 하나라도 실족하게 하면 차라리 연자맷돌이 그 목에 매여 바다에 던져지는 것이 나으리라

기도 요점

그리스도에게 속한 자라는 이유만으로 다른 사람을 대접해 본 경험이 있으십니까? 누구든지 나를 믿는 이 작은 자들 중 하나라도 실족하게 하면 차라리 연자맷돌이 그 목에 매여 바다에 던져지는 것이 나으리라는 예수님의 말씀을 묵상하십시오.

도움의 말

예수께서 제자들에게 누구든지 너희가 그리스도에게 속한 자라 하여 물 한 그릇이라도 주면 그가 결코 상을 잃지 않으리라 이르십니다. 이는 우리가 그리스도에게 속한 자라는 이유만으로 다른 사람을 대접하게 되면 반드시 상을 받게 될 것이라는 말씀입니다. 이어서 예수께서는 그들에게 또 누구든지 나를 믿는 이 작은 자들 중 하나라도 실족하게 하면 차라리 연자 맷돌이 그 목에 매여 바다에 던져지는 것이 낫다고 이르십니다. 이는 하나님을 믿는 그 어떤 작은 사람이라 할지라도 실족하게 하는 사람은 차라리 죽는 것이 낫다는 말씀입니다. 이는 연약한 믿음의 소유자 중 그 누구 하나라도 실족하지 않도록 소중하게 여기라는 말씀입니다.

55 지옥에 관한 예수님의 말씀

마가복음 9 : 43-48

만일 네 손이 너를 범죄하게 하거든 찍어버리라 장애인으로 영생에 들어가는 것이 두 손을 가지고 지옥 곧 꺼지지 않는 불에 들어가는 것보다 나으니라 만일 네 발이 너를 범죄하게 하거든 찍어버리라 다리 저는 자로 영생에 들어가는 것이 두 발을 가지고 지옥에 던져지는 것보다 나으니라 만일 네 눈이 너를 범죄 하게 하거든 빼버리라 한 눈으로 하나님의 나라에 들어가는 것이 두 눈을 가지고 지옥에 던져지는 것보다 나으니라 거기에서는 구더기도 죽지 않고 불도 꺼지지 아니하느니라

기도 요점

예수께서 제자들에게 이르시기를 만일 네 손이 너를 범죄 하게 하거든 찍어버리라 장애인으로 영생에 들어가는 것이 두 손을 가지고 지옥 곧 꺼지지 않는 불에 들어가는 것보다 나으니라 만일 네 발이 너를 범죄 하게 하거든 찍어버리라 다리 저는 자로 영생에 들어가는 것이 두 발을 가지고 지옥에 던져지는 것보다 나으니라 만일 네 눈이 너를 범죄 하게 하거든 빼버리라 한 눈으로 하나님의 나라에 들어가는 것이 두 눈을 가지고 지옥에 던져지는 것보다 낫다고 하시는데, 이 말씀들이 자신에게 의미하는 것은? 영생에 들어가는 것 그리고 하나님의 나라에 들어가는 것과 반대되는 것을 예수께서는 지옥이라고 말씀하시면서 거기에서는 구더기도 죽지 않고 불도 꺼지지 아니한다고 하시는데, 이 말씀을 상상해 보십시오.

도움의 말

예수께서 제자들에게 지옥과 관련하여 세 가지 가르침을 하십니다. 첫째는 만일 네 손이 너를 범죄 하게 하거든 찍어버리라는 가르침입니다. 그 이유는

장애인으로 영생에 들어가는 것이 두 손을 가지고 지옥 곧 꺼지지 않는 불에 들어가는 것보다 낫기 때문입니다. 둘째는 만일 네 발이 너를 범죄 하게 하거든 찍어버리라는 가르침입니다. 그 이유는 다리 저는 자로 영생에 들어가는 것이 두 발을 가지고 지옥에 던져지는 것보다 낫기 때문입니다. 셋째는 만일 네 눈이 너를 범죄 하게 하거든 빼버리라는 가르침입니다. 그 이유는 한 눈으로 하나님의 나라에 들어가는 것이 두 눈을 가지고 지옥에 던져지는 것보다 낫기 때문입니다. 이 가르침에서 예수님은 제자들에게 그들을 범죄 하게 하는 원인을 제거하는 삶이 하나님께서 보내신 아들 예수 그리스도를 믿고 따르는 제자들의 삶이라는 것을 가르치십니다. 그리고 이어서 예수님께서 이르시기를 지옥에서는 구더기도 죽지 않고 불도 꺼지지 아니한다고 하십니다.

56 너희 속에 소금을 두고 화목하라 하시는 예수님

마가복음 9 : 49-50
사람마다 불로써 소금 치듯 함을 받으리라 소금은 좋은 것이로되 만일 소금이 그 맛을 잃으면 무엇으로 이를 짜게 하리요 너희 속에 소금을 두고 서로 화목하라 하시니라

기도 요점
예수께서 이르시기를 사람마다 불로써 소금 치듯 함을 받으리라 소금은 좋은 것이로되 만일 소금이 그 맛을 잃으면 무엇으로 이를 짜게 하리요라고 말씀하시는데, 이 말씀의 의미는? 예수께서 너희 속에 소금을 두고 화목하라 하시는데, 이 말씀이 우리에게 명하는 바는?

도움의 말
예수께서 제자들에게 사람마다 불로써 소금 치듯 함을 받으리라고 말씀하십니다. 이는 앞에서 지옥의 꺼지지 않는 불과 관련된 말씀인데, 이 말씀에 이어서 예수님은 제자들에게 소금은 좋은 것이지만 만일 소금이 그 맛을 잃으면 무엇으로 이를 짜게 할 수 있겠느냐고 이르십니다. 사실 소금은 사람의 삶에 있어서 필수적입니다. 그렇지만 소금이 만일 그 짠맛을 잃어버린다면 아무 소용이 없습니다. 이 같은 비유를 예수께서 제자들에게 말씀하신 까닭은 아무리 작고 보잘 것 없다고 생각되는 소자 하나에게라도 예수님의 이름으로 섬기는 삶을 살지 않는다면 심판의 때에 불로 소금 치듯 할 것이라는 것을 그들로 하여금 알게 하시기 위해서입니다. 그렇기 때문에 예수님은 제자들에게 너희 속에 소금을 두고 서로 화목하라고 이르십니다. 즉 이 말씀은 음식에 소금이 들어가야 맛이 나는 것처럼 하나님의 백성으로서 우리가 일상의 삶에서 희생과 섬김과 사랑의 소금을 치라는 말씀입니다.

57 결혼에 관한 예수님의 말씀

마가복음 10 : 1-12

예수께서 거기서 떠나 유대 지경과 요단 강 건너편으로 가시니 무리가 다시 모여들거늘 예수께서 다시 전례대로 가르치시더니 바리새인들이 예수께 나아와 그를 시험하여 묻되 사람이 아내를 버리는 것이 옳으니이까 대답하여 이르시되 모세가 어떻게 너희에게 명하였느냐 이르되 모세는 이혼 증서를 써 주어 버리기를 허락하였나이다 예수께서 그들에게 이르시되 너희 마음이 완악함으로 말미암아 이 명령을 기록하였거니와 창조 때로부터 사람을 남자와 여자로 지으셨으니 이러므로 사람이 그 부모를 떠나서 그 둘이 한 몸이 될지니라 이러한즉 이제 둘이 아니요 한 몸이니 그러므로 하나님이 짝지어 주신 것을 사람이 나누지 못할지니라 하시더라 집에서 제자들이 다시 이 일을 물으니 이르시되 누구든지 그 아내를 버리고 다른 데에 장가 드는 자는 본처에게 간음을 행함이요 또 아내가 남편을 버리고 다른 데로 시집 가면 간음을 행함이니라

기도 요점

바리새인들이 예수께 나아와 시험하여 묻기를 사람이 아내를 버리는 것이 옳으냐고 묻는데, 이에 대한 예수님의 대답은? '누구든지 그 아내를 버리고 다른 데에 장가 드는 자는 본처에게 간음을 행함이요 또 아내가 남편을 버리고 다른 데로 시집 가면 간음을 행함이니라'는 예수님의 말씀에 대한 자신의 반응은?

도움의 말

예수께서 유대 지경과 요단 강 건너편으로 가시는데, 무리가 다시 모여듭니다. 전례대로 예수께서 다시 그들을 가르치십니다. 그런데 바리새인들이 예

수께 나아와 시험하여 묻기를 사람이 아내를 버리는 것이 옳으냐고 합니다. 이에 예수께서 이르시기를 모세가 어떻게 너희에게 명하였느냐고 하십니다. 이에 바리새인들은 모세는 이혼 증서를 써주어 버리기를 허락하였다고 합니다. 그들의 말은 신명기 24장 1절, 즉 '사람이 아내를 맞이하여 데려온 후에 그에게 수치되는 일이 있음을 발견하고 그를 기뻐하지 아니하면 이혼 증서를 써서 그의 손에 주고 그를 자기 집에서 내보낼 것이요' 라는 말씀에 근거한 대답입니다. 이를 들으신 예수께서 그들에게 이르시기를 너희 마음이 완악함으로 말미암아 이 명령을 모세가 기록하였다고 이르십니다. 이어서 예수께서는 결혼의 근원에 관한 말씀을 하십니다. 즉 하나님께서 창조 때로부터 사람을 남자와 여자로 지으셨으니 사람이 그 부모를 떠나서 그 둘이 한 몸이 된 것이므로 이제 둘이 아니요 한 몸이 되었은즉 하나님이 짝지어 주신 것을 사람이 나누지 못한다고 예수께서 말씀하십니다. 이와 같이 예수께서는 바리새인들이 인용하였던 신명기 23장 1절의 말씀의 참뜻을 말씀해 주십니다. 집에서 제자들이 다시 이 일을 묻습니다. 그리하여 예수께서는 누구든지 그 아내를 버리고 다른 데에 장가 드는 자는 본처에게 간음을 행하는 것이며, 또 아내가 남편을 버리고 다른 데로 시집가면 이것 역시 간음을 행하는 것이라고 이르십니다.

58 어린 아이들이
내게 오는 것을 금하지 말라

마가복음 10 : 13-16

사람들이 예수께서 만져 주심을 바라고 어린 아이들을 데리고 오매 제자들이 꾸짖거늘 예수께서 보시고 노하시어 이르시되 어린 아이들이 내게 오는 것을 용납하고 금하지 말라 하나님의 나라가 이런 자의 것이니라 내가 진실로 너희에게 이르노니 누구든지 하나님의 나라를 어린 아이와 같이 받들지 않는 자는 결단코 그 곳에 들어가지 못하리라 하시고 그 어린 아이들을 안고 그들 위에 안수하시고 축복하시니라

기도 요점

사람들이 예수께서 만져 주심을 바라고 어린 아이들을 데리고 오니 이를 본 제자들이 꾸짖습니다. 이에 대한 예수님의 반응은? 예수께서 제자들에게 어린 아이들이 내게 오는 것을 금하지 말라 이르시는데, 그 이유는?

도움의 말

사람들이 예수께서 만져 주심을 바라고 어린 아이들을 데리고 옵니다. 당시 유대인 회당에서 그들의 어린 아이들에게 랍비가 머리 위에 손을 얹어 축복하는 관례가 있었다고 합니다. 그렇기 때문에 예수님을 따르는 이들이 그들의 어린 아이들을 예수께로 데리고 와 축복받기를 원하는 것은 당시 자연스러운 일입니다. 그런데 제자들이 그들을 꾸짖습니다. 이를 보신 예수께서 노하시어 제자들에게 두 가지 말씀을 이르십니다. 하나는 어린 아이들이 내게 오는 것을 용납하고 금하지 말라 하나님의 나라가 이런 자의 것이라는 말씀입니다. 다른 하나는 누구든지 하나님의 나라를 어린 아이와 같이 받들지 않는 자는 결단코 그 곳에 들어가지 못하리라는 말씀입니다. 이 말씀을 하신

후, 예수께서는 그 어린 아이들을 안고 그들 위에 안수하시고 축복하십니다.

---

59 하나님 한 분 외에는 선한 이가 없느니라

마가복음 10 : 17-22
 예수께서 길에 나가실새 한 사람이 달려와서 꿇어 앉아 묻자오되 선한 선생님이여 내가 무엇을 하여야 영생을 얻으리이까 예수께서 이르시되 네가 어찌하여 나를 선하다 일컫느냐 하나님 한 분 외에는 선한 이가 없느니라 네가 계명을 아나니 살인하지 말라, 간음하지 말라, 도둑질하지 말라, 거짓 증언 하지 말라, 속여 빼앗지 말라, 네 부모를 공경하라 하였느니라 그가 여짜오되 선생님이여 이것은 내가 어려서부터 다 지켰나이다 예수께서 그를 보시고 사랑하사 이르시되 네게 아직도 한 가지 부족한 것이 있으니 가서 네게 있는 것을 다 팔아 가난한 자들에게 주라 그리하면 하늘에서 보화가 네게 있으리라 그리고 와서 나를 따르라 하시니 그 사람은 재물이 많은 고로 이 말씀으로 인하여 슬픈 기색을 띠고 근심하며 가니라

기도 요점
 예수께서 길에 나가실새 한 사람이 달려와서 꿇어 앉아 묻자오되 선한 선생님이여 내가 무엇을 하여야 영생을 얻으리이까 예수께서 이르시되 네가 어찌하여 나를 선하다 일컫느냐 하나님 한 분 외에는 선한 이가 없다고 말씀하시는데, 이 말씀의 의미는? 자신이 예수님을 따르는데 있어서 가장 장애가 되는 것은?

도움의 말
 예수께서 길에 나가시는데 한 사람이 달려와서 꿇어 앉아 묻기를 선한 선생님이여 내가 무엇을 하여야 영생을 얻을 수 있느냐고 합니다. 이에 예수께서 그에게 이르시기를 네가 어찌하여 나를 선하다 일컫느냐 하나님 한 분 외에는

선한 이가 없다고 하십니다. 여기서 예수께서는 그가 영생을 얻기 위하여 무슨 선을 행하는 것보다도 선에 관한 근본적인 목적을 말씀하십니다. 여기서 예수님은 선에 대한 인간적 차원이 아니라 절대적 차원의 말씀으로서 하나님만이 선하시다는 것을 강조하십니다. 이어서 예수께서는 그에게 네가 계명을 아나니 살인하지 말라, 간음하지 말라, 도둑질하지 말라, 거짓 증언 하지 말라, 속여 빼앗지 말라, 네 부모를 공경하라 하였다고 이르십니다. 여기까지 예수님의 말씀을 들은 그는 선생님이여 이것은 내가 어려서부터 다 지켰다고 말씀드립니다. 이 같이 말하는 그를 보시고 예수께서 사랑으로 이르시기를 네게 아직도 한 가지 부족한 것이 있다고 하시면서 두 가지 말씀을 그에게 주십니다. 하나는 너는 가서 네게 있는 것을 다 팔아 가난한 자들에게 주라 그리하면 하늘에서 보화가 네게 있으리라는 말씀입니다. 다른 하나는 그리고 와서 나를 따르라는 말씀입니다. 예수님의 이 같은 말씀을 듣고, 그 사람은 재물이 많으므로 슬픈 기색을 띠고 근심하며 예수님을 떠나갑니다. 여기서 예수님은 율법 차원에서의 선으로부터 그를 하나님께 대한 신앙에로 이끌어 주셨지만 그러나 그는 재물이 많은 고로 슬프게 예수님 따르기를 포기합니다.

60 하나님으로서는 다 하실 수 있느니라

마가복음 10 : 23-27

 예수께서 둘러보시고 제자들에게 이르시되 재물이 있는 자는 하나님의 나라에 들어가기가 심히 어렵도다 하시니 제자들이 그 말씀에 놀라는지라 예수께서 다시 대답하여 이르시되 얘들아 하나님의 나라에 들어가기가 얼마나 어려운지 낙타가 바늘귀로 나가는 것이 부자가 하나님의 나라에 들어가는 것보다 쉬우니라 하시니 제자들이 매우 놀라 서로 말하되 그런즉 누가 구원을 얻을 수 있는가 하니 예수께서 그들을 보시며 이르시되 사람으로는 할 수 없으되 하나님으로는 그렇지 아니하니 하나님으로서는 다 하실 수 있느니라

기도 요점

 예수께서 제자들에게 이르시되 재물이 있는 자는 하나님의 나라에 들어가기가 심히 어렵도다 하시니 제자들이 그 말씀에 놀라는지라 예수께서 다시 대답하여 이르시되 얘들아 하나님의 나라에 들어가기가 얼마나 어려운지 낙타가 바늘귀로 나가는 것이 부자가 하나님의 나라에 들어가는 것보다 쉽다고 하시는데, 이 말씀의 의미? 예수님의 이 말씀을 들은 제자들의 반응은? 그들의 이 같은 반응을 보시고 예수께서 이르시되 사람으로는 할 수 없으되 하나님으로는 그렇지 아니하니 하나님으로서는 다 하실 수 있다고 말씀하시는데, 이 말씀의 의미는?

도움의 말

 재물이 있는 사람이 하나님의 나라에 들어가기가 어렵다고 예수께서 제자들에게 이르십니다. 당시 유대인들에게 있어서 부는 선에 대한 하나님의 축복으로 간주되었기에 이 같은 예수님의 말씀에 제자들이 놀랍니다. 그런데 예수께서 다시 그들에게 이르시기를 얘들아 하나님의 나라에 들어가기가 얼

마나 어려운지 낙타가 바늘귀로 나가는 것이 부자가 하나님의 나라에 들어가는 것보다 쉽다 하십니다. 이는 부한 자가 하나님의 나라에 들어갈 수 없다는 말씀인데, 이로 인하여 제자들이 매우 놀라 서로 말하기를 그런즉 누가 구원을 얻을 수 있는가 라며 의아해 합니다. 이에 예수께서 그들을 보시며 이르시기를 사람으로는 할 수 없으되 하나님으로는 그렇지 아니하니 하나님으로서는 다 하실 수 있으시다 이르십니다. 이 말씀에서 우리가 알 수 있는 것은 구원은 사람의 편에서 할 수 있는 것이 아니라 오로지 하나님에 의해서만 가능하다는 것입니다. 부자든 가난한 자이든 각각 스스로의 노력이나 수양으로 자기 자신을 구원할 수 없지만 부자이든 가난한 자이든 하나님께서는 다 하실 수 있습니다.

61 먼저 된 자로서 나중 되고
나중 된 자로서 먼저 될 자가 많으니라

마가복음 10 : 28-31

베드로가 여짜와 이르되 보소서 우리가 모든 것을 버리고 주를 따랐나이다 예수께서 이르시되 내가 진실로 너희에게 이르노니 나와 복음을 위하여 집이나 형제나 자매나 어머니나 아버지나 자식이나 전토를 버린 자는 현세에 있어 집과 형제와 자매와 어머니와 자식과 전토를 백 배나 받되 박해를 겸하여 받고 내세에 영생을 받지 못할 자가 없느니라 그러나 먼저 된 자로서 나중 되고 나중 된 자로서 먼저 될 자가 많으니라

기도 요점

예수님과 부자 사이의 대화와 구원에 대한 예수님의 말씀을 들은 베드로가 여짜와 이르되 보소서 우리가 모든 것을 버리고 주를 따랐다고 예수님께 말씀드렸는데, 이를 들으신 예수님의 말씀은? 또한 예수께서 제자들에게 나와 복음을 위하여 박해를 겸하여 받고 내세에 영생을 받지 못할 자가 없느니라 그러나 먼저 된 자로서 나중 되고 나중 된 자로서 먼저 될 자가 많다고 이르시는데, 이 말씀의 의미는?

도움의 말

예수님과 부자 사이의 대화와 구원에 대한 예수님의 말씀을 들은 베드로가 예수께 이르기를 보소서 우리가 모든 것을 버리고 주를 따랐다고 합니다. 그러니 그들에게 하나님의 나라의 구원이 보장되었는지를 그들은 알고 싶었던 것입니다. 이에 예수께서 이르시기를 내가 진실로 너희에게 이르노니 나와 복음을 위하여 집이나 형제나 자매나 어머니나 아버지나 자식이나 전토를 버린 자는 현세에 있어 집과 형제와 자매와 어머니와 자식과 전토를 백배나 받

는다고 하십니다. 이어 예수께서는 그들에게 두 가지 말씀을 더 하시는데, 하나는 박해를 겸하여 받고 내세에 영생을 받지 못할 자가 없다는 말씀이며, 다른 하나는 그러나 먼저 된 자로서 나중 되고 나중 된 자로서 먼저 될 자가 많다는 말씀입니다. 여기서 먼저 된 자는 베드로를 포함한 신도들이며 나중 된 자는 그 외 신도들입니다. 예수께서는 하나님의 나라의 순서는 인간의 순서와 다르다는 것을 말씀하시면서 제자들의 신앙적 우월감을 경고하십니다.

62 죽음과 부활을 세 번째로 이르시다

마가복음 10 : 32-34

예루살렘으로 올라가는 길에 예수께서 그들 앞에 서서 가시는데 그들이 놀라고 따르는 자들은 두려워하더라 이에 다시 열두 제자를 데리시고 자기가 당할 일을 말씀하여 이르시되 보라 우리가 예루살렘에 올라가노니 인자가 대제사장들과 서기관들에게 넘겨지매 그들이 죽이기로 결의하고 이방인들에게 넘겨주겠고 그들은 능욕하며 침 뱉으며 채찍질하고 죽일 것이나 그는 삼 일 만에 살아나리라 하시니라

기도 요점

예루살렘으로 올라가는 길에 예수께서 그들 앞에 서서 가시는데 그들이 놀라고 따르는 자들이 두려워하였는데, 그 이유는? 두려워하는 제자들을 다시 데리시고 예수께서 그들에게 이르신 말씀은?

도움의 말

예루살렘으로 올라가는 길에 예수께서 제자들 앞에 서서 가십니다. 이때 수난을 향하여 예루살렘으로 앞서가시는 예수님의 숙연함에 제자들이 놀라고 그들을 따르는 자들은 두려워하였습니다. 이에 예수께서 다시 열두 제자를 데리시고 자기가 당할 일 두 가지를 말씀하여 주십니다. 하나는 보라 우리가 예루살렘에 올라가는데, 인자가 대제사장들과 서기관들에게 넘겨지어 그들이 죽이기로 결의하고 이방인들에게 넘겨줄 것이라는 말씀입니다. 다른 하나는 그들은 능욕하며 침 뱉으며 채찍질하고 죽일 것이나 인자는 삼 일 만에 살아나리라는 말씀입니다. 이와 같이 예수께서는 세 번째로 제자들에게 자신의 죽음과 부활에 관한 말씀을 해 주십니다.

63 무엇을 하여 주기를 원하느냐

마가복음 10 : 35-40

　세베대의 아들 야고보와 요한이 주께 나아와 여짜오되 선생님이여 무엇이든지 우리가 구하는 바를 우리에게 하여 주시기를 원하옵나이다 이르시되 너희에게 무엇을 하여 주기를 원하느냐 여짜오되 주의 영광중에서 우리를 하나는 주의 우편에, 하나는 좌편에 앉게 하여 주옵소서 예수께서 이르시되 너희는 너희가 구하는 것을 알지 못하는도다 내가 마시는 잔을 너희가 마실 수 있으며 내가 받는 세례를 너희가 받을 수 있느냐 그들이 말하되 할 수 있나이다 예수께서 이르시되 너희는 내가 마시는 잔을 마시며 내가 받는 세례를 받으려니와 내 좌우편에 앉는 것은 내가 줄 것이 아니라 누구를 위하여 준비되었든지 그들이 얻을 것이니라

기도 요점

　예수께서 자신에게 무엇을 하여 주기를 원하느냐고 물으신다면, 이에 대한 자신의 대답은? 야고보와 요한이 예수님께 그들에게 하여주시기를 요구한 것은? 그들의 요구를 들으신 예수께서 그들에게 주신 말씀은?

도움의 말

　세베대의 아들 야고보와 요한이 주께 나아옵니다. 그들은 예수님께 여쭙기를 선생님이여 무엇이든지 우리가 구하는 바를 우리에게 하여 주시기를 원한다고 합니다. 이에 예수께서 그들에게 너희에게 무엇을 하여 주기를 원하느냐 물으십니다. 그들은 예수께 주의 영광중에서 우리를 하나는 주의 우편에, 하나는 좌편에 앉게 하여 달라고 여쭙니다. 당시 유대인들은 메시야가 오시면 지상에 왕국을 세우시고 메시야의 통치가 시작되는 것으로 간주하였다고 합니다. 당시 유대인들처럼 야고보와 요한은 종말적 메시야 왕국 이전에 있

을 고난을 알지 못하였던 것입니다. 그들이 말한 주의 영광중에서 주의 좌우편이란 종말을 가리키는 것이고 그 종말 이전에 메시야의 고난이 있어야 됨을 아시는 예수께서 이러한 그들의 요구에 대하여 두 가지를 말씀해 주십니다. 하나는 너희는 너희가 구하는 것을 알지 못한다는 말씀입니다. 사실 예수께서는 예루살렘으로 가시면서 십자가에 달리실 것을 내다보시고 계시는데, 야고보와 요한은 왕의 보좌를 생각하면서 그 좌우편에 앉을 수 있게 해 달라고 예수께 요청한 것입니다. 둘째는 내가 마시는 잔을 너희가 마실 수 있으며 내가 받는 세례를 너희가 받을 수 있느냐는 말씀입니다. 이는 예수께서 받으실 고난을 말씀하시는 것입니다. 이런 의미의 예수님의 말씀을 들은 그들이 말하기를 할 수 있다고 말씀드립니다. 그러자 예수께서 그들에게 이르시기를 너희는 내가 마시는 잔을 마시며 내가 받는 세례를 받으려니와 내 좌우편에 앉는 것은 내가 줄 것이 아니라 누구를 위하여 준비되었든지 그들이 얻을 것이라고 이르십니다. 여기서 예수께서는 메시야의 좌우편에 앉을 사람은 오로지 성부하나님께서 예비해 놓은 사람이 얻을 것이라고 말씀하십니다.

64 야고보와 요한에 대하여 화가 난 열 제자

마가복음 10 : 41-45

열 제자가 듣고 야고보와 요한에 대하여 화를 내거늘 예수께서 불러다가 이르시되 이방인의 집권자들이 그들을 임의로 주관하고 그 고관들이 그들에게 권세를 부리는 줄을 너희가 알거니와 너희 중에는 그렇지 않을지니 너희 중에 누구든지 크고자 하는 자는 너희를 섬기는 자가 되고 너희 중에 누구든지 으뜸이 되고자 하는 자는 모든 사람의 종이 되어야 하리라 인자가 온 것은 섬김을 받으려 함이 아니라 도리어 섬기려 하고 자기 목숨을 많은 사람의 대속물로 주려 함이니라

기도 요점

열 제자들이 야고보와 요한에게 화가 난 까닭은? 이 같이 화가 난 제자들을 부르시어 그들에게 이르신 예수님의 말씀은?

도움의 말

야고보와 요한이 예수님께 주의 영광중에서 그들 중 하나는 주의 우편에, 하나는 좌편에 앉게 해 달라는 말을 들은 열 제자가 화를 냅니다. 이에 예수께서 제자들을 불러다가 이르시기를 이방인의 집권자들이 백성을 임의로 주관하고 그 고관들이 백성에게 권세를 부리는 줄을 너희가 알고 있지 않느냐고 하십니다. 그러나 예수님의 제자들 중에는 그렇지 않다고 이르시면서 두 가지 말씀을 그들에게 하십니다. 하나는 너희 중에 누구든지 크고자 하는 자는 너희를 섬기는 자가 되고 너희 중에 누구든지 으뜸이 되고자 하는 자는 모든 사람의 종이 되어야 한다는 말씀입니다. 이는 하나님의 나라에서 으뜸이 되려는 사람 누구든지 모든 사람의 종 되어 섬기는 자가 되어야 한다는 말씀입니다. 다른 하나는 인자가 온 것은 섬김을 받으려 함이 아니라 도리어 섬기

려 하고 자기 목숨을 많은 사람의 대속물로 주려 함이라는 말씀입니다. 이는 예수께서 이 땅에 섬기려 오셨을 뿐만 아니라 자신을 많은 사람들의 죄를 속하는 속죄 물로 주셨다는 말씀입니다.

65 네게 무엇을 하여 주기를 원하느냐

마가복음 10 : 46-52

그들이 여리고에 이르렀더니 예수께서 제자들과 허다한 무리와 함께 여리고에서 나가실 때에 디매오의 아들인 맹인 거지 바디매오가 길 가에 앉았다가 나사렛 예수시란 말을 듣고 소리 질러 이르되 다윗의 자손 예수여 나를 불쌍히 여기소서 하거늘 많은 사람이 꾸짖어 잠잠하라 하되 그가 더욱 크게 소리 질러 이르되 다윗의 자손이여 나를 불쌍히 여기소서 하는지라 예수께서 머물러 서서 그를 부르라 하시니 그들이 그 맹인을 부르며 이르되 안심하고 일어나라 그가 너를 부르신다 하매 맹인이 겉옷을 내버리고 뛰어 일어나 예수께 나아오거늘 예수께서 말씀하여 이르시되 네게 무엇을 하여 주기를 원하느냐 맹인이 이르되 선생님이여 보기를 원하나이다 예수께서 이르시되 가라 네 믿음이 너를 구원하였느니라 하시니 그가 곧 보게 되어 예수를 길에서 따르니라

기도 요점

만약 지산에게 예수님이 네게 무엇을 하여 주기를 원하느냐고 물으신다면, 이에 자신의 즉각적인 대답은 무엇이겠습니까? 디매오의 아들인 맹인 거지 바디매오가 길 가에 앉았다가 나사렛 예수시란 말을 듣고 소리 질러 이르기를 다윗의 자손 예수여 나를 불쌍히 여기 달라고 외칠 때 예수님의 반응과 그 주변의 많은 사람의 반응의 차이는? 맹인이 예수께서 부르신다는 말을 듣고 겉옷을 내버리고 뛰어 일어나 예수께 나아오니 그에게 네게 무엇을 하여 주기를 원하느냐고 물으셨는데, 이에 대한 그의 즉각적인 대답은? 그의 대답을 들으신 예수께서 가라 네 믿음이 너를 구원하였느니라 하시니 그가 곧 보게 되어 예수를 길에서 따르는 당시 상황을 상상해 보십시오.

도움의 말

  예수님과 제자들이 예루살렘의 관문인 여리고에 이르렀습니다. 그리고 예수께서는 제자들과 허다한 무리와 함께 여리고에서 나가십니다. 이때에 디매오의 아들인 맹인 거지 바디매오가 길 가에 앉았다가 나사렛 예수시란 말을 듣고 소리 질러 이르기를 다윗의 자손 예수여 나를 불쌍히 여겨 달라 외칩니다. 그러자 많은 사람이 꾸짖어 그에게 잠잠하라고 하지만 그가 더욱 크게 소리 질러 이르기를 다윗의 자손이여 나를 불쌍히 여겨 주시기를 계속 외칩니다. 이 같은 부르짖음으로 볼 때 거지 바디매오는 예수께서 메시야이신 것을 알고 자신의 눈을 뜨게 하실 줄 믿었던 것으로 보입니다. 그 맹인의 외치는 소리를 들은 많은 사람과는 달리 예수께서는 그의 외침을 두 번 들이시고 머물러 서서 그를 부르라 하십니다. 그리하여 제자들이 그 맹인을 부르며 이르기를 안심하고 일어나라 예수께서 너를 부르신다고 합니다. 이 말을 들은 맹인이 겉옷을 내버리고 뛰어 일어나 예수께 나아옵니다. 이를 보신 예수께서 그에게 네게 무엇을 하여 주기를 원하느냐 말씀하십니다. 이 말씀을 듣자 그 맹인이 예수께 선생님이여 보기를 원한다고 이릅니다. 그의 말을 들으신 예수께서 그에게 가라 네 믿음이 너를 구원하였다고 하시니 그가 곧 보게 되어 예수님을 길에서 따릅니다.

66 주가 쓰시겠다 하라

마가복음 11 : 1-6

 그들이 예루살렘에 가까이 와서 감람 산 벳바게와 베다니에 이르렀을 때에 예수께서 제자 중 둘을 보내시며 이르시되 너희는 맞은편 마을로 가라 그리로 들어가면 곧 아직 아무도 타 보지 않은 나귀 새끼가 매여 있는 것을 보리니 풀어 끌고 오라 만일 누가 너희에게 왜 이렇게 하느냐 묻거든 주가 쓰시겠다 하라 그리하면 즉시 이리로 보내리라 하시니 제자들이 가서 본즉 나귀 새끼가 문 앞 거리에 매여 있는지라 그것을 푸니 거기 서 있는 사람 중 어떤 이들이 이르되 나귀 새끼를 풀어 무엇 하려느냐 하매 제자들이 예수께서 이르신 대로 말한대 이에 허락하는지라

기도 요점

 예수께서 벳바게와 베다니에서 제자 둘에게 맞은편 마을에 가서 아무도 타 보지 않은 나귀 새끼가 매여 있는 것을 보리니 풀어 끌고 오라 하시면서 그들에게 이르신 말씀은? 주께서 그 두 제자에게 이르신 말씀대로 행동하는 당시 상황을 상상해 보십시오.

도움의 말

 그들이 예루살렘에 가까이 와서 감람 산 벳바게와 베다니에 이르십니다. 예루살렘 남쪽 1마일 앞에 벳바게 마을이 있고, 약 2마일 밖 감람산 동편에 베다니가 있었다고 합니다. 베다니엔 예수께서 유대에 계실 때 숙소로 제공하야 준 마리아와 마르다 그리고 나사로의 집이 있고, 베다니에는 문둥이 시몬의 집이 있었다고 합니다. 제자들과 예수께서 이 두 곳에 이르셨을 때에 그들 중 두 제자를 맞은편 마을로 가서 할 일 세 가지를 이르십니다. 첫째는 그 두 제자가 그리로 들어가면 곧 아직 아무도 타 보지 않은 나귀 새끼가 매여 있는

것을 볼 터인데, 그 새끼를 풀어 끌고 오라 이르십니다. 둘째는 그 나귀 새끼를 끌고 올 때 만일 누가 너희에게 왜 이렇게 하느냐 묻거든 주가 쓰시겠다 하라 이르십니다. 그리하면, 셋째로 그 나귀 새끼를 즉시 예수께서 계신 이리로 보낼 것이라 이르십니다. 예수께서 그 제자들에게 이르신대로 그들이 가서 본즉 나귀 새끼가 문 앞거리에 매여 있었고, 그것을 푸니 거기 서 있는 사람 중 어떤 이들이 이르기를 나귀 새끼를 풀어 무엇 하려느냐 하므로 그들이 예수께서 이르신 대로 말하니 이에 허락을 합니다. 여기서 우리는 그 두 제자들은 예수께서 말씀해 주신대로 행동함으로써 주께서 그들을 보내신 목적을 다 수행하고 있는 것을 볼 수 있습니다.

67 예루살렘으로 입성하시는 예수님

마가복음 11 : 7-11

나귀 새끼를 예수께로 끌고 와서 자기들의 겉옷을 그 위에 얹어 놓으매 예수께서 타시니 많은 사람들은 자기들의 겉옷을, 또 다른 이들은 들에서 벤 나뭇가지를 길에 펴며 앞에서 가고 뒤에서 따르는 자들이 소리 지르되 호산나 찬송하리로다 주의 이름으로 오시는 이여 찬송하리로다 오는 우리 조상 다윗의 나라여 가장 높은 곳에서 호산나 하더라 예수께서 예루살렘에 이르러 성전에 들어가사 모든 것을 둘러 보시고 때가 이미 저물매 열두 제자를 데리시고 베다니에 나가시니라

기도 요점

제자 둘이 예수께서 이르신 대로 하여 나귀 새끼를 끌고 와서 그들의 겉옷을 그 나귀 위에 얹어 놓으니 예수께서 나귀새끼를 타셨는데, 많은 사람들이 자기들의 겉옷을 또 다른 이들은 들에서 벤 나뭇가지를 길에 펴며 앞에서 가고 뒤에서 따르며 소리 질러 찬송하는 당시 예루살렘으로 입성하시는 상황을 상상해 보십시오. 그들이 호산나 찬송하리로다 주의 이름으로 오시는 이여와 찬송하리로다 오는 우리 조상 다윗의 나라여 가장 높은 곳에서 호산나 하더라며 소리 질러 찬양하였는데, 그 찬양의 의미는?

도움의 말

제자 둘이 예수께서 이르신 대로 하여 결국 나귀 새끼를 예수께 끌고 옵니다. 제자들이 자기들의 겉옷을 그 위에 얹어 놓으니 아무도 타 보지 아니한 나귀에 예수께서 타십니다. 그러자 많은 사람들은 자기들의 겉옷을, 또 다른 이들은 들에서 벤 나뭇가지를 길에 펴며 앞에서 가고 뒤에서 따릅니다. 이들이 소리 질러 찬송하는데, 그들은 해마다 유월절 축제 시 하나님께 감사와 찬

양과 기원의 시편찬송을 순례하면서 노래하였다고 합니다. 그들의 찬양은 두 가지 내용입니다. 하나는 호산나 찬송하리로다 주의 이름으로 오시는 이여인데, 여기서 호산나는 우리를 구원하소서라는 의미의 기도였다고 합니다. 이후에는 호산나는 말을 큰 소리로 외치는 찬양으로 사용되었다고 합니다. 다른 하나는 찬송하리로다 오는 우리 조상 다윗의 나라여 가장 높은 곳에서 호산나인데, 이는 가장 높은 곳에 계신 즉 하늘에 계신 하나님이 우리를 구원하소서라는 의미입니다. 이와 같이하여 예수께서 예루살렘에 이르러 성전에 들어가시어 모든 것을 둘러보십니다. 그리고 때가 이미 저물어 열두 제자를 데리시고 예수께서는 베다니로 나가십니다.

68 무화과나무에 이르신 말씀

마가복음 11 : 12-14

　이튿날 그들이 베다니에서 나왔을 때에 예수께서 시장하신지라 멀리서 잎사귀 있는 한 무화과나무를 보시고 혹 그 나무에 무엇이 있을까 하여 가셨더니 가서 보신즉 잎사귀 외에 아무 것도 없더라 이는 무화과의 때가 아님이라 예수께서 나무에게 말씀하여 이르시되 이제부터 영원토록 사람이 네게서 열매를 따 먹지 못하리라 하시니 제자들이 이를 듣더라

기도 요점

　이튿날 그들이 베다니에서 나왔을 때에 예수께서 시장하신지라 멀리서 잎사귀 있는 한 무화과나무를 보시고 혹 그 나무에 무엇이 있을까 하여 가셨더니 가서 보신즉 잎사귀 외에 아무 것도 없으셨습니다. 이에 예수께서 무화과나무를 향하여 이르신 말씀은? 또한 이 같은 말씀을 무화과나무를 향하여 이르신 까닭은?

도움의 말

　이튿날 예수께서 제자들과 베다니를 떠나 예루살렘으로 가시는 중에 시장하셨습니다. 그런데 멀리서 잎사귀 있는 한 무화과나무를 예수께서 보시고 혹 그 나무에 무엇이 있을까 하여 가셨습니다. 그랬더니 예수님은 그 무화과나무 잎사귀 외에 아무 것도 볼 수가 없으셨습니다. 이는 무화과의 때가 아니기 때문입니다. 팔레스틴에서는 3월에 무화과나무에 조그만 열매가 열리므로 먹을 수 있고, 4월이면 크고 무성한 잎들이 나온다고 합니다. 그런데 예수께서는 유월절 직전(4월 중에)에 무화과나무 열매를 잡수시고자 했으므로 비록 그 때가 무화과 철이 아니라하더라도 어느 정도 먹을 수 있는 열매를 찾을 수 있기를 기대하는 것은 당연하다고 합니다. 그래서 예수께서는 잎사귀 외

에 아무 것도 찾을 수 없는 무화과나무를 향하여 말씀하여 이르시기를 이제부터 영원토록 사람이 네게서 열매를 따 먹지 못하리라 하십니다. 이를 제자들이 듣는데, 예수께서 이 같은 저주를 하신 것은 이스라엘에 대한 하나님의 임박한 심판을 예고적으로 말씀하신 것입니다. 여기서 예수님은 잎은 무성하지만 열매를 맺지 못하는 무화과나무처럼 하나님의 은혜와 이스라엘의 종교적 행위가 무성하지만 그들의 영적인 열매가 없는 것을 지적하십니다.

69 성전을 깨끗하게 하시는 예수님

마가복음 11 : 15-19

그들이 예루살렘에 들어가니라 예수께서 성전에 들어가사 성전 안에서 매매하는 자들을 내쫓으시며 돈 바꾸는 자들의 상과 비둘기 파는 자들의 의자를 둘러 엎으시며 아무나 물건을 가지고 성전 안으로 지나다님을 허락하지 아니하시고 이에 가르쳐 이르시되 기록된 바 내 집은 만민이 기도하는 집이라 칭함을 받으리라고 하지 아니하였느냐 너희는 강도의 소굴을 만들었도다 하시매 대제사장들과 서기관들이 듣고 예수를 어떻게 죽일까 하고 꾀하니 이는 무리가 다 그의 교훈을 놀랍게 여기므로 그를 두려워함일러라 그리고 날이 저물매 그들이 성 밖으로 나가더라

기도 요점

예수께서 성전에 들어가시어 매매하는 자들을 내쫓으시며 돈 바꾸는 자들의 상과 비둘기 파는 자들의 의자를 둘러 엎으시며 아무나 물건을 가지고 성전 안으로 지나다님을 허락하지 아니하시고 가르치신 말씀은? 예수께서 성전에서 하신 일들을 들은 대제사장들과 서기관들이 예수님을 죽이려고 한 까닭은?

도움의 말

예수님과 제자들이 예루살렘에 들어갑니다. 예수께서는 성전에 들어가셔서 대제사장 가야바가 성전 제사를 위하여 필요한 것들을 사고 팔 수 있도록 허락한 하였던 성소를 둘러싸고 있는 바깥뜰인 이방인의 뜰로 들어가셨습니다. 그곳에서 예수님은 세 가지 일을 하십니다. 첫째는 성전 안에서 매매하는 자들을 내쫓으십니다. 둘째는 돈 바꾸는 자들의 상과 비둘기 파는 자들의 의자를 둘러엎으십니다. 셋째는 아무나 물건을 가지고 성전 안으로 지나다님을

허락하지 아니하십니다. 그리고 예수께서 가르쳐 이르시기를 기록된 바 내 집은 만민이 기도하는 집이라 칭함을 받으리라고 하지 아니하였느냐 너희는 강도의 소굴을 만들었도다 하십니다. 이는 성전의 목적을 말씀하신 것인데, 이 소식을 대제사장들과 서기관들이 듣고 예수를 어떻게 죽일까 하고 꾀합니다. 왜냐하면 무리가 다 예수님의 교훈을 놀랍게 여기므로 예수님을 두려워하기 때문입니다. 날이 저물어 그들이 성 밖으로 나갑니다.

70 구하는 것은 받은 줄로 믿으라
그리하면 그대로 되리라

마가복음 11 : 20-26

그들이 아침에 지나갈 때에 무화과나무가 뿌리째 마른 것을 보고 베드로가 생각이 나서 여짜오되 랍비여 보소서 저주하신 무화과나무가 말랐나이다 예수께서 그들에게 대답하여 이르시되 하나님을 믿으라 내가 진실로 너희에게 이르노니 누구든지 이 산더러 들리어 바다에 던져지라 하며 그 말하는 것이 이루어질 줄 믿고 마음에 의심하지 아니하면 그대로 되리라 그러므로 내가 너희에게 말하노니 무엇이든지 기도하고 구하는 것은 받은 줄로 믿으라 그리하면 너희에게 그대로 되리라 서서 기도할 때에 아무에게나 혐의가 있거든 용서하라 그리하여야 하늘에 계신 너희 아버지께서도 너희 허물을 사하여 주시리라 하시니라 (없음)

기도 요점

예수께서 제자들에게 무엇이든지 기도하고 구하는 것은 받은 줄로 믿으라 그리하며 너희에게 그대로 되리라고 말씀하시는데, 이 말씀이 자신에게 주는 의미는? 예수께서 서서 기도할 때에 아무에게나 혐의가 있거든 용서하라 그리하여야 하늘에 계신 너희 아버지께서도 너희 허물을 사하여 주시리라 하시는데, 이 말씀의 의미는?

도움의 말

예수님과 제자들이 아침에 지나갈 때에 무화과나무가 뿌리째 마른 것을 봅니다. 그러자 베드로가 생각이 나서 예수께 랍비여 보소서 저주하신 무화과나무가 말랐다고 여쭙니다. 이에 예수께서 그들에게 하나님을 믿으라고 대답하시면서 세 가지를 말씀하십니다. 첫째는 누구든지 이 산더러 들리어 바다에 던져지라 하며 그 말하는 것이 이루어질 줄 믿고 마음에 의심하지 아니하면 그대로 되리라는 말씀입니다. 둘째는 무엇이든지 기도하고 구하는 것은 받은 줄로 믿으라 그리하면 너희에게 그대로 되리라는 말씀입니다. 셋째는 서서 기도할 때에 아무에게나 혐의가 있거든 용서하라 그리하여야 하늘에 계신 너희 아버지께서도 너희 허물을 사하여 주시리라는 말씀입니다.

71 누가 이런 권위를 주었느냐

마가복음 11 : 27-33

 그들이 다시 예루살렘에 들어가니라 예수께서 성전에서 거니실 때에 대제사장들과 서기관들과 장로들이 나아와 이르되 무슨 권위로 이런 일을 하느냐 누가 이런 일 할 권위를 주었느냐 예수께서 이르시되 나도 한 말을 너희에게 물으리니 대답하라 그리하면 나도 무슨 권위로 이런 일을 하는지 이르리라 요한의 세례가 하늘로부터냐 사람으로부터냐 내게 대답하라 그들이 서로 의논하여 이르되 만일 하늘로부터라 하면 어찌하여 그를 믿지 아니하였느냐 할 것이니 그러면 사람으로부터라 할까 하였으나 모든 사람이 요한을 참 선지자로 여기므로 그들이 백성을 두려워하는지라 이에 예수께 대답하여 이르되 우리가 알지 못하노라 하니 예수께서 이르시되 나도 무슨 권위로 이런 일을 하는지 너희에게 이르지 아니하리라 하시니라

기도 요점

 성전에서 대제사장들과 서기관들과 장로들이 예수께 나아와 무슨 권위로 이런 일을 하느냐 누가 이런 일 할 권위를 주었느냐고 묻는데, 이에 대한 예수님의 대답은? 예수께서 그들에게 요한의 세례가 하늘로부터냐 사람으로부터냐고 물으시자, 그들은 알지 못한다고 대답하였습니다. 그들이 알지 못한다고 대답한 까닭은?

도움의 말

 예수님과 제자들이 다시 예루살렘에 들어가십니다. 예수께서 성전에서 거니실 때에 대제사장들과 서기관들과 장로들이 나아와 이르기를 무슨 권위로 이런 일을 하느냐 누가 이런 일 할 권위를 주었느냐고 합니다. 이에 예수께서 이르시기를 나도 한 말을 너희에게 물으리니 대답하라 그리하면 나도 무슨

권위로 이런 일을 하는지 이르겠다 하십니다. 예수께서 그들에게 요한의 세례가 하늘로부터냐 사람으로부터냐 내게 대답하라 하십니다. 그들이 서로 의논하기를 만일 하늘로부터라 하면 어찌하여 그를 믿지 아니하였느냐 할 것이고, 그러면 사람으로부터라 할까 하였으나 모든 사람이 요한을 참 선지자로 여기므로 그들이 백성을 두려워하므로 예수께 대답하여 이르기를 우리가 알지 못한다고 합니다. 그러자 예수께서 그들에게 나도 무슨 권위로 이런 일을 하는지 너희에게 이르지 아니하리라 하십니다.

72 포도원 농부 비유

마가복음 12 : 1-12

 예수께서 비유로 그들에게 말씀하시되 한 사람이 포도원을 만들어 산울타리로 두르고 즙 짜는 틀을 만들고 망대를 지어서 농부들에게 세로 주고 타국에 갔더니 때가 이르매 농부들에게 포도원 소출 얼마를 받으려고 한 종을 보내니 그들이 종을 잡아 심히 때리고 거저 보내었거늘 다시 다른 종을 보내니 그의 머리에 상처를 내고 능욕하였거늘 또 다른 종을 보내니 그들이 그를 죽이고 또 그 외 많은 종들도 더러는 때리고 더러는 죽인지라 이제 한 사람이 남았으니 곧 그가 사랑하는 아들이라 최후로 이를 보내며 이르되 내 아들은 존대하리라 하였더니 그 농부들이 서로 말하되 이는 상속자니 자 죽이자 그러면 그 유산이 우리 것이 되리라 하고 이에 잡아 죽여 포도원 밖에 내던졌느니라 포도원 주인이 어떻게 하겠느냐 와서 그 농부들을 진멸하고 포도원을 다른 사람들에게 주리라 너희가 성경에 건축자들이 버린 돌이 모퉁이의 머릿돌이 되었나니 이것은 주로 말미암아 된 것이요 우리 눈에 놀랍도다 함을 읽어 보지도 못하였느냐 하시니라 그들이 예수의 이 비유가 자기들을 가리켜 말씀하심인 줄 알고 잡고자 하되 무리를 두려워하여 예수를 두고 가니라

기도 요점

 예수께서 말씀하시는 포도원 농부 비유를 듣고 있는 대상은? 예수께서 비유로 말씀하시는 포도원 농부 비유에서 포도원 주인과 포도원에서 일하는 농부들의 관계는 무엇을 비유합니까? 예수님의 포도원 농부 비유를 듣고 있던 사람들이 그 비유가 자기들을 가리켜 말씀하심인줄 알고 예수님을 잡고자 하되 잡지 못하였던 까닭은?

도움의 말

　예수께서 산헤드린을 대표하여 질문하여왔던 사람들에게 포도원 비유를 말씀하십니다. 한 사람이 포도원을 만들어 산울타리로 두르고 즙 짜는 틀을 만들고 망대를 지어서 농부들에게 세로 주고 타국에 갑니다. 이 같이 포도원을 세워 농부들에게 세로 주는 비유는 하나님과 이스라엘의 관계에 대한 비유입니다. 예수께서 그들에게 계속하여 말씀하시기를 추수 때가 되어 그 포도원 주인이 농부들에게 포도원 소출 얼마를 받으려고 한 종을 보냈는데, 그들이 그 종을 잡아 심히 때리고 거저 보냈고, 다시 포도원 주인이 다른 종을 보냈는데, 이번에는 농부들이 그 종의 머리에 상처를 내고 능욕하였고, 또 다른 종을 포도원 주인 보내니 이번에는 농부들이 그 종을 죽이고 또 그 외 많은 종들도 더러는 때리고 더러는 죽였다고 비유로 말씀하시는데, 사실 하나님께서 이스라엘에게 회개와 의의 열매를 위하여 거듭하여 많은 선지자들을 보내셨지만 그들은 능욕과 죽음을 당했습니다. 계속하여 예수께서 비유로 그들에게 이르시기를 이제 포도원 주인에게는 한 사람이 남았는데, 그가 곧 그 주인의 사랑하는 아들이라고 하십니다. 최후로 포도원 주인이 아들을 보내며 이르기를 농부들이 내 아들은 존대하리라 하였지만, 농부들이 서로 말하기를 그 포도원 주인의 아들은 상속자니 자 죽이자 그러면 그 유산이 우리 것이 되리라 하면서 그들이 포도원 주인의 아들을 잡아 죽여 포도원 밖에 내던졌다고 비유로 예수께서 말씀하십니다. 당시 팔레스틴에서는 땅의 일부분이 어떤 기간 내에 상속에 대한 요구가 없게 될 경우, 주인 없는 재산이 되어 그것을 먼저 주장하는 사람이 합법적으로 그 땅을 소유할 수 있었다고 합니다. 여기까지 비유로 말씀하신 예수께서 산헤드린을 대표하여 질문하여왔던 그들에게 이르시기를 이제 포도원 주인이 어떻게 하겠느냐 묻습니다. 그들이 대답하기를 그 포도원 주인이 와서 그 농부들을 진멸하고 포도원을 다른 사람들에게 주리라 합니다. 사실 이 대답은 이스라엘에 대한 하나님의 심판이 오며 그들의 특권 역시 다른 사람들에게 넘겨주게 된다는 것을 의미하는 대답입니다. 그들의 대답을 들으신 예수께서 시편 118편 22절 이하의 말씀, 건축자들이 버린 돌이 모퉁이의 머릿돌이 되었나니 이것은 주로 말미암아 된 것이요 우리 눈에 놀랍도다 함을 읽어 보지도 못하였느냐 하십니다. 이에 그들이 예수님의 이 비유가 자기들을 가리켜 말씀하심인 줄 알고 잡고자 하되 무리를 두려워하여 예수님을 두고 갑니다.

73 어찌하여 나를 시험하느냐

마가복음 12 : 13-17

그들이 예수의 말씀을 책잡으려 하여 바리새인과 헤롯당 중에서 사람을 보내매 와서 이르되 선생님이여 우리가 아노니 당신은 참되시고 아무도 꺼리는 일이 없으시니 이는 사람을 외모로 보지 않고 오직 진리로써 하나님의 도를 가르치심이니이다 가이사에게 세금을 바치는 것이 옳으니이까 옳지 아니하니이까 우리가 바치리이까 말리이까 한대 예수께서 그 외식함을 아시고 이르시되 어찌하여 나를 시험하느냐 데나리온 하나를 가져다가 내게 보이라 하시니 가져왔거늘 예수께서 이르시되 이 형상과 이 글이 누구의 것이냐 이르되 가이사의 것이니이다 이에 예수께서 이르시되 가이사의 것은 가이사에게, 하나님의 것은 하나님께 바치라 하시니 그들이 예수께 대하여 매우 놀랍게 여기더라

기도 요점

예수님의 말씀을 책잡으려 산헤드린에서 바리새인과 헤롯당 중에서 사람을 보내니 와서 그들이 예수께 가이사에게 세금을 바치는 것이 옳으니이까 옳지 아니하니이까 우리가 바치리이까 말리이까 라는 질문을 하는데, 이에 대한 예수님의 처음 반응은? 예수께서 그들에게 데나리온 하나를 가져다가 내게 보이라 하시니 그들이 가져왔거늘 예수께서 이르시되 이 형상과 이 글이 누구의 것이냐 하시니 그들이 가이사의 것이라 대답하는데, 이를 들으신 예수께서 그들의 질문에 대하여 대답하신 말씀은?

도움의 말

예수께서 포도원 농부 비유를 통하여 산헤드린을 대표하여 질문하여왔던 사람들에게 경고하였음에도 불구하고 그들이 예수의 말씀을 책잡으려 바리

새인과 헤롯당 중에서 사람을 보내 왔습니다. 예수님께 온 그들이 이르기를 선생님이여 우리가 아노니 당신은 참되시고 아무도 꺼리는 일이 없으시기 때문에 사람을 외모로 보지 않고 오직 진리로써 하나님의 도를 가르치신다고 합니다. 이 같은 말로 예수님을 높힌 후, 그들은 예수님께 가이사에게 세금을 바치는 것이 옳으니이까 옳지 아니하니이까 우리가 바치리이까 말리이까 라는 질문을 합니다. 여기서 말하는 세는 인두세로서 유대가 로마에 정복되었다는 것을 상징하는 인두세인데, 이 세금은 로마제국의 국고로 들어갑니다. 그들의 이 같은 질문은 정치적 종교적으로 예수님을 어렵게 하는 질문입니다. 이를 알아차리신 예수께서는 그들에게 이르시기를 어찌하여 나를 시험하느냐 하시며 데나리온 하나를 가져다가 내게 보이라 하십니다. 이에 그들이 이를 가져오니 예수께서 이 형상과 이 글이 누구의 것이냐고 그들에게 이르십니다. 그러자 그들은 가이사의 것이라고 대답합니다. 그들의 대답을 들으신 예수께서 이르시기를 가이사의 것은 가이사에게, 하나님의 것은 하나님께 바치라 하시니 그들이 예수께 대하여 매우 놀랍게 여깁니다.

74 하나님은 죽은 자의 하나님이 아니요 산 자의 하나님이시라

마가복음 12 : 18-27

부활이 없다 하는 사두개인들이 예수께 와서 물어 이르되 선생님이여 모세가 우리에게 써 주기를 어떤 사람의 형이 자식이 없이 아내를 두고 죽으면 그 동생이 그 아내를 취하여 형을 위하여 상속자를 세울지니라 하였나이다 칠 형제가 있었는데 맏이가 아내를 취하였다가 상속자가 없이 죽고 둘째도 그 여자를 취하였다가 상속자가 없이 죽고 셋째도 그렇게 하여 일곱이 다 상속자가 없었고 최후에 여자도 죽었나이다 일곱 사람이 다 그를 아내로 취하였으니 부활 때 곧 그들이 살아날 때에 그 중의 누구의 아내가 되리이까 예수께서 이르시되 너희가 성경도 하나님의 능력도 알지 못하므로 오해함이 아니냐 사람이 죽은 자 가운데서 살아날 때에는 장가도 아니 가고 시집도 아니 가고 하늘에 있는 천사들과 같으니라 죽은 자가 살아난다는 것을 말할진대 너희가 모세의 책 중 가시나무 떨기에 관한 글에 하나님께서 모세에게 이르시되 나는 아브라함의 하나님이요 이삭의 하나님이요 야곱의 하나님이로라 하신 말씀을 읽어보지 못하였느냐 하나님은 죽은 자의 하나님이 아니요 산 자의 하나님이시라 너희가 크게 오해하였도다 하시니라

기도 요점

부활이 없다 하는 사두개인들이 예수께 와서 칠형제가 상속자가 없이 죽었고 최후에 그들이 취하였던 그 여자도 죽었습니다. 일곱 사람이 다 그를 아내로 취하였으니 부활 때 곧 그들이 살아날 때에 그 중의 누구의 아내가 되느냐는 사두개인들의 질문에 대한 예수님의 대답은? 그들에게 예수께서 하나님은 죽은 자의 하나님이 아니요 산 자의 하나님이시라 너희가 크게 오해하였다고 하신 까닭은?

도움의 말

 부활이 없다 하는 사두개인들이 예수께 와서 질문을 합니다. 사두개인들은 산헤드린에서 영향력 있고 유대 최고법관이며 로마 권력자들과 협력하였던 이들입니다. 그들은 예수님에게 선생님이여 모세가 우리에게 써 주기를 어떤 사람의 형이 자식이 없이 아내를 두고 죽으면 그 동생이 그 아내를 취하여 형을 위하여 상속자를 세우라고 했습니다. 그런데 그는 칠 형제가 있었는데 맏이가 아내를 취하였다가 상속자가 없이 죽고, 둘째도 그 여자를 취하였다가 상속자가 없이 죽고, 셋째도 그렇게 하여 일곱이 다 상속자가 없었고, 그리고 최후에 여자도 죽었습니다. 일곱 사람이 다 그를 아내로 취하였으니 부활 때 곧 그들이 살아날 때에 그 중의 그 여자는 누구의 아내가 되겠느냐고 묻습니다. 이에 예수님은 사람이 죽은 자 가운데서 살아날 때에는 장가도 아니 가고 시집도 아니 가고 하늘에 있는 천사들과 같다고 하십니다. 이어서 예수님은 그들에게 죽은 자가 살아난다는 것을 말할진대 너희가 모세의 책 중 가시나무 떨기에 관한 글에 하나님께서 모세에게 이르시기를 나는 아브라함의 하나님이요 이삭의 하나님이요 야곱의 하나님이로라 하신 말씀을 읽어보지 못하였느냐 하십니다. 모세에게 하나님께서는 아브라함과 이삭과 야곱의 하나님이심을 이르신 것은 오래 전에 그들이 죽었지만 그들은 여전히 살아 있으며 또한 약속을 지키시는 하나님으로서 계속적으로 그들과 관계를 갖고 계시다는 말씀입니다. 그렇기 때문에 하나님은 죽은 자의 하나님이 아니요 산 자의 하나님이라고 예수께서 말씀하신 후, 그 질문을 한 사두개인들에게 너희는 성경도 하나님의 능력도 알지 못하므로 크게 오해하였다고 이르십니다.

75 네가 하나님의 나라에서 멀지 않도다

마가복음 12 : 28-34

 서기관 중 한 사람이 그들이 변론하는 것을 듣고 예수께서 잘 대답하신 줄을 알고 나아와 묻되 모든 계명 중에 첫째가 무엇이니이까 예수께서 대답하시되 첫째는 이것이니 이스라엘아 들으라 주 곧 우리 하나님은 유일한 주시라 네 마음을 다하고 목숨을 다하고 뜻을 다하고 힘을 다하여 주 너의 하나님을 사랑하라 하신 것이요 둘째는 이것이니 네 이웃을 네 자신과 같이 사랑하라 하신 것이라 이보다 더 큰 계명이 없느니라 서기관이 이르되 선생님이여 옳소이다 하나님은 한 분이시요 그 외에 다른 이가 없다 하신 말씀이 참이니이다 또 마음을 다하고 지혜를 다하고 힘을 다하여 하나님을 사랑하는 것과 또 이웃을 자기 자신과 같이 사랑하는 것이 전체로 드리는 모든 번제물과 기타 제물보다 나으니이다 예수께서 그가 지혜 있게 대답함을 보시고 이르시되 네가 하나님의 나라에서 멀지 않도다 하시니 그 후에 감히 묻는 자가 없더라

기도 요점

 부활에 관한 사두개인들과의 예수님의 변론을 듣고 예수께서 잘 말씀하신 줄을 알게 된 서기관 중 한 사람이 예수께 나아와 모든 계명 중에 첫째가 무엇이냐고 질문하는데, 이에 대한 예수님의 대답은? 예수께서 그 서기관에게 네가 하나님의 나라에서 멀지 않도다 하셨는데, 그 까닭은?

도움의 말

 서기관 중 한 사람이 사두개인들과의 예수님의 변론하는 것을 듣고 예수께서 잘 대답하신 줄을 알고 나아옵니다. 그들은 예수에게 모든 계명 중에 첫째가 무엇이냐고 묻습니다. 이에 예수께서 그들에게 첫째가 우리 하나님은 유일한 주시라 네 마음을 다하고 목숨을 다하고 뜻을 다하고 힘을 다하여 주 너

의 하나님을 사랑하라는 계명이고 둘째가 곧 이웃을 네 자신과 같이 사랑하라는 계명이라고 이르십니다. 그리고 이어서 예수께서는 그들에게 이 두 계명보다 더 큰 계명이 없다고 이르십니다. 예수님의 이러한 대답을 들은 서기관이 이에 대한 자신의 의견 두 가지 말씀을 드립니다. 하나는 옳소이다 선생님이여 하나님은 한 분이시요 그 외에 다른 이가 없다 하신 말씀이 참이라는 말입니다. 다른 하나는 마음을 다하고 지혜를 다하고 힘을 다하여 하나님을 사랑하는 것과 또 이웃을 자기 자신과 같이 사랑하는 것이 모든 번제나 기타 제물보다 낫다는 말입니다. 이 같은 서기관의 말을 들으신 예수께서 그가 지혜 있게 대답함을 보시고 이르시기를 네가 하나님의 나라에서 멀지 않다 하십니다. 예수께서는 자신을 책잡으려는 그로 하여금 하나님의 나라를 더 깊게 생각하도록 말씀해 주심으로 인하여 그 후에 아무도 감히 예수님께 묻는 자가 없었습니다.

76 다윗이 그리스도를 주라 하였은즉 어찌 그의 자손이 되겠느냐

마가복음 12 : 35-37

 예수께서 성전에서 가르치실새 대답하여 이르시되 어찌하여 서기관들이 그리스도를 다윗의 자손이라 하느냐 다윗이 성령에 감동되어 친히 말하되 주께서 내 주께 이르시되 내가 네 원수를 네 발 아래에 둘 때까지 내 우편에 앉았으라 하셨도다 하였느니라 다윗이 그리스도를 주라 하였은즉 어찌 그의 자손이 되겠느냐 하시니 많은 사람들이 즐겁게 듣더라

기도 요점

 서기관들이 그리스도를 다윗의 자손이라 하는데, 예수께서는 시편 110편 1절 말씀을 인용하시면서 다윗이 성령에 감동되어 그리스도를 주라 하였은즉 어찌 그의 자손이 되겠느냐 하시는데, 이에 대한 많은 사람들의 반응은? 또한 그들의 이러한 반응의 의미는?

도움의 말

 예수께서 성전에서 가르치실 때 기다리던 메시야를 그리스도 즉 승리의 구원자가 될 다윗의 자손이라 하시면서 그 의미하는 바가 무엇이냐고 서기관들에게 물으십니다. 예수께서는 메시야가 다윗의 주라는 것을 입증하시기 위하여 다윗이 성령에 감동되어 쓴 시편 110편 1절, '주께서 내 주께 이르시되 내가 네 원수를 네 발 아래에 둘 때까지 내 우편에 앉았으라 하셨도다.'를 인용하시면서 다윗이 이를 친히 말하였다고 하십니다. 그리고 이어서 예수께서는 다윗이 그리스도를 주라 하였은즉 어찌 그의 자손이 되겠느냐 하시는데, 서기관들과 다르게 많은 사람들이 이를 즐겁게 듣습니다.

77 서기관들을 삼가라

마가복음 12 : 38-40

예수께서 가르치실 때에 이르시되 긴 옷을 입고 다니는 것과 시장에서 문안 받는 것과 회당의 높은 자리와 잔치의 윗자리를 원하는 서기관들을 삼가라 그들은 과부의 가산을 삼키며 외식으로 길게 기도하는 자니 그 받는 판결이 더욱 중하리라 하시니라

기도 요점

예수께서 서기관들을 삼가라고 하시는 이유는? 또한 예수께서 서기관들은 과부의 가산을 삼키며 외식으로 길게 기도하는 자니 그 받는 판결이 더욱 중하리라 하시는데, 이 말씀이 우리에게 주는 의미는?

도움의 말

예수께서 가르치실 때에 서기관들을 삼가라고 이르시는데, 그 이유는 세 가지입니다. 첫째는 그들이 긴 옷을 입고 다니기 좋아하기 때문입니다. 여기서 긴 옷이란 당시 제사장, 서기관, 레위인들이 입고 다니기 좋아하였던 것으로서 길고 큰 술 달린 가운이라고 합니다. 둘째는 그들이 시장에서 문안 받는 것을 좋아하였기 때문입니다. 셋째는 그들이 회당의 높은 자리와 잔치의 윗자리, 즉 주인 다음의 좌석에 앉기를 원하였기 때문입니다. 또 서기관들을 삼가야 할 다른 이유는 두 가지입니다. 하나는 과부의 가산을 삼키기 때문입니다. 당시 서기관들은 신앙 깊은 유대인들의 자선에 의존하였다고 합니다. 그런데 그들은 특히 과부들의 한정된 재산을 삼킬 정도로 남용하였습니다. 다른 하나는 그들이 외식으로 길게 기도하는 자이기 때문입니다. 그들이 경건한 척 하지만 이를 다 아시는 하나님으로부터 그들이 받을 판결이 중하다고 예수께서 이르십니다.

78 가난한 과부의 헌금

마가복음 12 : 41-44

예수께서 헌금함을 대하여 앉으사 무리가 어떻게 헌금함에 돈 넣는가를 보실새 여러 부자는 많이 넣는데 한 가난한 과부는 와서 두 렙돈 곧 한 고드란트를 넣는지라 예수께서 제자들을 불러다가 이르시되 내가 진실로 너희에게 이르노니 이 가난한 과부는 헌금함에 넣는 모든 사람보다 많이 넣었도다 그들은 다 그 풍족한 중에서 넣었거니와 이 과부는 그 가난한 중에서 자기의 모든 소유 곧 생활비 전부를 넣었느니라 하시니라

기도 요점

예수께서 제자들에게 가난한 과부가 헌금한 두 렙돈이 모든 다른 사람보다 많이 넣었다고 하시는데, 그 까닭은? 헌금에 대한 자신의 태도를 회상해 보십시오.

도움의 말

성전에 자발적으로 예배자들의 세물과 헌금을 기두려는 나팔 모양을 새긴 13개의 헌금함이 있었는데, 예수께서는 헌금함을 대하여 앉으시어 무리가 어떻게 헌금함에 돈 넣는가를 보십니다. 예수께서 보신즉 여러 부자는 많이 넣는데 한 가난한 과부는 와서 두 렙돈 곧 한 고드란트를 넣습니다. 당시 한 렙돈은 팔레스틴에서 가장 작을 청동 동전으로 통용되었다고 합니다. 예수께서 제자들을 불러다가 이르시기를 이 가난한 과부는 헌금함에 넣는 모든 사람보다 많이 넣었다고 하십니다. 왜냐하면 그들은 다 그 풍족한 중에서 넣었지만 이 과부는 그 가난한 중에서 자기의 모든 소유 곧 생활비 전부를 넣었기 때문입니다.

79 성전이 무너뜨려질 것을 이르시는 예수님

마가복음 13 : 1-2
예수께서 성전에서 나가실 때에 제자 중 하나가 이르되 선생님이여 보소서 이 돌들이 어떠하며 이 건물들이 어떠하니이까 예수께서 이르시되 네가 이 큰 건물들을 보느냐 돌 하나도 돌 위에 남지 않고 다 무너뜨려지리라 하시니라

기도 요점
성전이 무너질 것이라고 예수께서 말씀하시던 당시 예루살렘 성전을 상상해 보십시오.

도움의 말
예수께서 성전에서 나가실 때에 제자 중 하나가 이르기를 선생님이여 보소서 이 돌들이 어떠하며 이 건물들이 어떠하냐고 합니다. 예루살렘 성전은 유대인의 호의를 얻고 헤롯 왕조에 의하여 헤롯을 기념하기 위해 크고 흰 돌들과 광택 나는 금으로 장식하여 지었다고 합니다. 그 제자의 질문을 받으신 예수께서 이르시기를 네가 이 큰 건물들을 보느냐 돌 하나도 돌 위에 남지 않고 다 무너뜨려지리라 하십니다. 당시 유대인들에게 있어서 이 성전은 장엄하고 엄청난 것이었는데, 이 큰 건물이 파멸될 것이라는 예수께서 말씀하십니다. 실제로 주후 70년 로마 티투스 장군은 성전을 불태우고 전 도시를 파괴하고 그 건물을 완전히 파괴하라고 로마 군인들에게 명령하였다고 합니다.

80 재난의 시작

마가복음 13 : 3-6

 예수께서 감람산에서 성전을 마주 대하여 앉으셨을 때에 베드로와 야고보와 요한과 안드레가 조용히 묻되 우리에게 이르소서 어느 때에 이런 일이 있겠사오며 이 모든 일이 이루어지려 할 때에 무슨 징조가 있사오리이까 예수께서 이르시되 너희가 사람의 미혹을 받지 않도록 주의하라 많은 사람이 내 이름으로 와서 이르되 내가 그라 하여 많은 사람을 미혹하리라 난리와 난리의 소문을 들을 때에 두려워하지 말라 이런 일이 있어야 하되 아직 끝은 아니니라 민족이 민족을, 나라가 나라를 대적하여 일어나겠고 곳곳에 지진이 있으며 기근이 있으리니 이는 재난의 시작이니라

기도 요점

 예수께서 제자들에게 이르신 재난의 징조는? 재난의 시작 때 일어나는 일들은?

도움의 말

 예수께서 제자들과 감람산에서 성전을 마주 대하여 앉으셨습니다. 그 때에 베드로와 야고보와 요한과 안드레가 조용히 예수께 두 가지를 묻습니다. 하나는 어느 때에 예루살렘 성전이 말씀하신대로 파멸되느냐는 질문입니다. 다른 하나는 이 모든 일이 이루어지려 할 때에 무슨 징조가 있느냐는 질문입니다. 이에 예수께서 이때의 징조 두 가지를 이르십니다. 하나는 많은 사람이 내 이름으로 와서 내가 그라 하여 많은 사람을 미혹할 것이니 너희가 사람의 미혹을 받지 않도록 주의하라는 말씀입니다. 둘째는 난리와 난리의 소문을 들을 때에 두려워하지 말라 이런 일이 있어야 하되 아직 끝은 아니라는 말씀입니다. 여기서 이런 일이란 구체적으로 민족이 민족을, 나라가 나라를 대적

하여 일어나는 일이며, 곳곳에 지진과 기근과 같은 일입니다. 그렇지만 이러한 일은 재난의 시작일 뿐이라고 예수께서 이르십니다.

---

81 끝까지 견디는 자는 구원을 받으리라

마가복음 13 : 9-13

너희는 스스로 조심하라 사람들이 너희를 공회에 넘겨 주겠고 너희를 회당에서 매질하겠으며 나로 말미암아 너희가 권력자들과 임금들 앞에 서리니 이는 그들에게 증거가 되려 함이라 또 복음이 먼저 만국에 전파되어야 할 것이니라 사람들이 너희를 끌어다가 넘겨 줄 때에 무슨 말을 할까 미리 염려하지 말고 무엇이든지 그 때에 너희에게 주시는 그 말을 하라 말하는 이는 너희가 아니요 성령이시니라 형제가 형제를, 아버지가 자식을 죽는 데에 내주며 자식들이 부모를 대적하여 죽게 하리라 또 너희가 내 이름으로 말미암아 모든 사람에게 미움을 받을 것이나 끝까지 견디는 자는 구원을 받으리라

기도 요점

재난의 때 제자들에게 스스로 조심하라고 예수께서 이르시는데, 그 까닭은? 사람들이 제자들을 끌어다가 넘겨 줄 때에 무슨 말을 할까 미리 염려하지 말고 무엇이든지 그 때에 너희에게 주시는 그 말을 하라고 하시는데, 그 이유는? 또한 너희가 내 이름으로 말미암이 모든 사람에게 미움을 받을 것이나 끝까지 견디는 자는 구원을 받으리라는 예수님의 말씀에 대한 자신의 반응은?

도움의 말

예수께서 재난의 때에 제자들이 겪을 어려움 세 가지를 이르시면서 그들에게 스스로 조심하라 하십니다. 첫째는 사람들이 제자들을 공회에 넘겨주겠고, 제자들을 회당에서 매질하겠으며, 예수님으로 말미암아 제자들이 권력자들과 임금들 앞에 설 것이니 이는 그들에게 증거가 되려 함이라고 이르십니다. 둘째는 복음이 먼저 만국에 전파되어야 할 것인데, 이때 사람들이 제자들

을 끌어다가 넘겨주게 된다고 이르십니다. 그러나 그 때에 무슨 말을 할까 미리 염려하지 말고 무엇이든지 제자들에게 주시는 그 말을 하라 이르십니다. 왜냐하면 그 때 말하는 이는 제자들이 아니요 성령이시기 때문입니다. 셋째는 형제가 형제를, 아버지가 자식을 죽는 데에 내주며 자식들이 부모를 대적하여 죽게 할 것이라 이르십니다. 예수께서 제자들에게 너희가 내 이름으로 말미암아 모든 사람에게 이 같은 미움을 받을 것이지만 끝까지 견디는 자는 구원을 받을 것이라 이르십니다.

82 가장 큰 환난

마가복음 13 : 14-23

 멸망의 가증한 것이 서지 못할 곳에 선 것을 보거든 (읽는 자는 깨달을진저) 그 때에 유대에 있는 자들은 산으로 도망할지어다 지붕 위에 있는 자는 내려가지도 말고 집에 있는 무엇을 가지러 들어가지도 말며 밭에 있는 자는 겉옷을 가지러 뒤로 돌이키지 말지어다 그 날에는 아이 밴 자들과 젖먹이는 자들에게 화가 있으리로다 이 일이 겨울에 일어나지 않도록 기도하라 이는 그 날들이 환난의 날이 되겠음이라 하나님께서 창조하신 시초부터 지금까지 이런 환난이 없었고 후에도 없으리라 만일 주께서 그 날들을 감하지 아니하셨더라면 모든 육체가 구원을 얻지 못할 것이거늘 자기가 택하신 자들을 위하여 그 날들을 감하셨느니라 그 때에 어떤 사람이 너희에게 말하되 보라 그리스도가 여기 있다 보라 저기 있다 하여도 믿지 말라 거짓 그리스도들과 거짓 선지자들이 일어나서 이적과 기사를 행하여 할 수만 있으면 택하신 자들을 미혹하려 하리라 너희는 삼가라 내가 모든 일을 너희에게 미리 말하였노라

기도 요점

 멸망의 가증한 것이 서지 못할 곳에 선 것을 볼 때에 제자들이 취해야 할 행동은? 하나님께서 그 환난의 날들을 감하신 까닭은? 가장 큰 환난의 때에 제자들이 삼가야 할 것은?

도움의 말

 예수께서 멸망의 가증한 것이 서지 못할 곳에 선 것을 볼 때에 제자들이 취해야 할 행동 세 가지를 이르십니다. 여기서 멸망의 가증한 것이란 우상 숭배하는 자들이 너무 가증하여 성전이 황폐하게 된다는 말씀으로서 그럴 때에 첫째는 유대에 있는 자들은 산으로 도망하라 이르십니다. 둘째는 지붕 위에

있는 자는 내려가지도 말고 집에 있는 무엇을 가지러 들어가지도 말며 밭에 있는 자는 겉옷을 가지러 뒤로 돌이키지 말라 하십니다. 셋째는 그 날에는 아이 밴 자들과 젖먹이는 자들에게 화가 있을 것이니 이 일이 겨울에 일어나지 않도록 기도하라 이는 그 날들이 환난의 날이 되겠다고 이르십니다. 이 환난은 하나님께서 창조하신 시초부터 지금까지 없었고 후에도 없을 것이라 이르십니다. 만일 주께서 그 날들을 감하지 아니하셨더라면 모든 육체가 구원을 얻지 못할 것이지만 하나님께서는 자기가 택하신 자들을 위하여 그 날들을 감하셨다 이르십니다. 그 때에 어떤 사람이 너희에게 말하되 보라 그리스도가 여기 있다 보라 저기 있다 하여도 믿지 말라 이르십니다. 거짓 그리스도들과 거짓 선지자들이 일어나서 이적과 기사를 행하여 할 수만 있으면 택하신 자들을 미혹하려 하지만, 내가 모든 일을 미리 너희에게 말씀하였으니 너희는 삼가라 이르십니다.

83 인자가 오는 것을 보리라

마가복음 13 : 24-27

그 때에 그 환난 후 해가 어두워지며 달이 빛을 내지 아니하며 별들이 하늘에서 떨어지며 하늘에 있는 권능들이 흔들리리라 그 때에 인자가 구름을 타고 큰 권능과 영광으로 오는 것을 사람들이 보리라 또 그 때에 그가 천사들을 보내어 자기가 택하신 자들을 땅 끝으로부터 하늘 끝까지 사방에서 모으리

기도 요점

가장 큰 환난 후에 인자가 구름 타고 큰 권능과 영광으로 오는 것을 사람들이 보기 바로 전에 일어나는 일들은? 인자가 오는 그 때에 그리스도께서 보내신 천사들의 하는 일은?

도움의 말

가장 큰 환난 때에 일어나는 자연현상 세 가지를 예수께서 이사야 13장 10절과 34장 4절 말씀을 인용하여 말씀하신다. 하나는 그 환난 후 해가 어두워지며 달이 빛을 내지 아니합니다. 다른 하나는 별들이 하늘에서 떨어집니다. 또 다른 하나는 하늘에 있는 권능들이 흔들립니다. 바로 그 때에 인자가 구름을 타고 큰 권능과 영광으로 오는 것을 사람들이 볼 것입니다. 또 그 때에 인자가 천사들을 보내어 자기가 택하신 자들을 땅 끝으로부터 하늘 끝까지 사방에서 모으십니다.

84 이 말은 모든 사람에게 하는 말이니라

마가복음 13 : 28-37

무화과나무의 비유를 배우라 그 가지가 연하여지고 잎사귀를 내면 여름이 가까운 줄 아나니 이와 같이 너희가 이런 일이 일어나는 것을 보거든 인자가 가까이 곧 문 앞에 이른 줄 알라 내가 진실로 너희에게 말하노니 이 세대가 지나가기 전에 이 일이 다 일어나리라 천지는 없어지겠으나 내 말은 없어지지 아니하리라 그러나 그 날과 그 때는 아무도 모르나니 하늘에 있는 천사들도, 아들도 모르고 아버지만 아시느니라 주의하라 깨어 있으라 그 때가 언제인지 알지 못함이라 가령 사람이 집을 떠나 타국으로 갈 때에 그 종들에게 권한을 주어 각각 사무를 맡기며 문지기에게 깨어 있으라 명함과 같으니 그러므로 깨어 있으라 집 주인이 언제 올는지 혹 저물 때일는지, 밤중일는지, 닭 울 때일는지, 새벽일는지 너희가 알지 못함이라 그가 홀연히 와서 너희가 자는 것을 보지 않도록 하라 깨어 있으라 내가 너희에게 하는 이 말은 모든 사람에게 하는 말이니라 하시니라

기도 요점

앞에서 가장 큰 환난 직후 인자가 구름 타고 큰 권능과 영광으로 오는 것을 보리라는 예수님의 말씀을 들은 제자들이 이런 일들이 언제 일어나겠느냐는 질문을 하는데, 이 질문에 대한 예수님의 대답은? 예수께서 주의 하라 깨어 있으라는 명령을 제자들에게 하시면서 타국에 나간 집 주인의 비유를 말씀하시고 내가 너희에게 하는 이 말을 모든 사람에게 하는 말이라고 하시는데, 여기서 예수께서 모든 사람에게 하신 말은?

도움의 말

 제자들의 이런 일들이 언제 일어나겠느냐는 질문에 예수께서는 무화과나무의 비유를 배우라 이르신다. 무화과나무는 그 가지가 연하여지고 잎사귀를 내면 여름이 가까운 줄 아는 것 같이 너희가 이런 일이 일어나는 것을 보거든 인자가 가까이 곧 문 앞에 이른 줄 알라 이르시면서 이어서 이와 관련하여 세 가지 말씀을 하신다. 첫째는 이 세대가 지나가기 전에 이 일이 다 일어나리라 하시면서 천지는 없어지겠으나 내 말을 없어지지 아니한다고 이르신다. 둘째는 그러나 그 날과 그 때는 아무도 모르는데, 하늘에 있는 천사들도, 아들도 모르고 아버지만 아시므로 너희는 주의하라 깨어 있으라 이르신다. 이 같이 가장 큰 환난이 일어나는 것을 보거든 인자가 가까이 곧 문 앞에 이른 줄 알라고 하셨지만 예수께서는 그 때가 언제인지 알지 못한다고 하신다. 이 말씀 후, 예수께서는 타국에 나간 집 주인의 비유를 통하여 제자들에게 깨어 있어야 하는 이유를 명료하게 말씀해 주신다. 가령 사람이 집을 떠나 타국으로 갈 때에 그 종들에게 권한을 주어 각각 사무를 맡기며 문지기에게 깨어 있으라 명함과 같으니 집 주인이 언제 올는지 혹 저물 때일는지, 밤중일는지, 닭 울 때일는지, 새벽일는지 너희가 알지 못하는데, 그가 홀연히 와서 너희가 자는 것을 보지 않도록 하라 깨어 있으라 이르신다. 예수께서는 제자들에게 내가 너희에게 하는 이 말은 모든 사람에게 하는 말이니라 하신다.

85 예수를 죽일 방도를 찾다

마가복음 14 : 1-2

이틀이 지나면 유월절과 무교절이라 대제사장들과 서기관들이 예수를 흉계로 잡아 죽일 방도를 구하며 이르되 민란이 날까 하노니 명절에는 하지 말자 하더라

기도 요점

유대종교지도자들인 산헤드린 화원들, 대제사장들과 서기관들이 예수를 흉계로 잡아 죽일 방도를 구했지만 명절에 이 일을 하지 않은 이유는?

도움의 말

당시 유대종교 지도자들인 산헤드린 회원들, 대제사장들과 서기관들은 이미 예수를 흉계로 잡아 죽일 방도를 결정했습니다. 그렇지만 그들은 이틀이 지나면 유월절과 무교절이니 민란이 날까 두려워 이 일은 명절에는 하지 말자 합니다. 왜냐하면 유월절은 예루살렘에서만 지켜야 했는데, 이때 예수를 따르는 백성들이 봉기를 일으킬 수 있기 때문입니다. 사실 대제사장들과 서기관들은 수많은 유월절 무리 가운에 있을 예수님의 보이지 않는 지지자들 가운데 특별히 갈릴리 인들을 두려워했을 것입니다.

86 힘을 다하여 내 몸에 향유를 부어
내 장례를 준비하였느니라

마가복음 14 : 3-9

예수께서 베다니 나병환자 시몬의 집에서 식사하실 때에 한 여자가 매우 값진 향유 곧 순전한 나드 한 옥합을 가지고 와서 그 옥합을 깨뜨려 예수의 머리에 부으니 어떤 사람들이 화를 내어 서로 말하되 어찌하여 이 향유를 허비하는가 이 향유를 삼백 데나리온 이상에 팔아 가난한 자들에게 줄 수 있었겠도다 하며 그 여자를 책망하는지라 예수께서 이르시되 가만 두라 너희가 어찌하여 그를 괴롭게 하느냐 그가 내게 좋은 일을 하였느니라 가난한 자들은 항상 너희와 함께 있으니 아무 때라도 원하는 대로 도울 수 있거니와 나는 너희와 항상 함께 있지 아니하리라 그는 힘을 다하여 내 몸에 향유를 부어 내 장례를 미리 준비하였느니라 내가 진실로 너희에게 이르노니 온 천하에 어디서든지 복음이 전파되는 곳에는 이 여자가 행한 일도 말하여 그를 기억하리라 하시니라

기도 요점

예수께서 베다니 나병환자 시몬의 집에서 식사하실 때에 한 여자가 매우 값진 향유 곧 순전한 나드 한 옥합을 가지고 와서 그 옥합을 깨뜨려 예수의 머리에 부으니 이에 대한 사람들의 반응은? 그들의 반응에 대하여 예수께서 이르신 말씀 네 가지는?

도움의 말

예수께서 베다니 나병환자 시몬의 집에서 식사하실 때, 한 여자가 매우 값진 향유 곧 순전한 나드 한 옥합을 가지고 왔습니다. 그 여자는 그 옥합을 깨뜨려 예수의 머리에 부으니 어떤 사람들이 화를 내어 서로 말하기를 어찌

여 이 향유를 허비하는가 이 향유를 삼백 데나리온 이상에 팔아 가난한 자들에게 줄 수 있었겠다 합니다. 삼백 데나리온 이상은 당시 일년 이상의 품삯이었다고 합니다. 그들이 그 여자를 책망하는 것을 보신 예수께서 그들에게 세 가지 말씀을 이르십니다. 첫째는 가만 두라 너희가 어찌하여 그를 괴롭게 하느냐 그가 내게 좋은 일을 하였다 이르십니다. 둘째는 가난한 자들은 항상 너희와 함께 있으니 아무 때라도 원하는 대로 도울 수 있거니와 나는 너희와 항상 함께 있지 아니하리라 하십니다. 셋째는 그는 힘을 다하여 내 몸에 향유를 부어 내 장례를 미리 준비하였다 이르십니다. 예수께서는 그녀의 행동을 예수님은 메시야로서의 환영을 받는 것뿐만 아니라 다가오는 예수님의 죽음에 대한 그녀의 사랑과 헌신으로 보셨습니다. 그렇기 때문에 예수께서는 넷째로 온 천하에 어디서든지 복음이 전파되는 곳에는 이 여자가 행한 일도 말하여 그를 기억하리라 이르십니다.

87 유다가 예수님을 배반하다

마가복음 14 : 10-11

열둘 중의 하나인 가룟 유다가 예수를 넘겨 주려고 대제사장들에게 가매 그들이 듣고 기뻐하여 돈을 주기로 약속하니 유다가 예수를 어떻게 넘겨 줄까 하고 그 기회를 찾더라

기도 요점

예수님을 넘겨주려고 예수님을 모해하고 죽이려고 하는 대제사장들에게 찾아가는 유다를 상상해 보십시오. 대제사장들에게 돈을 받고 예수님을 넘겨줄 그 기회를 찾는 까닭은?

도움의 말

예수님의 제자 열둘 중의 하나인 가룟 유다가 예수님을 넘겨주려고 대제사장들에게 갑니다. 그들이 유다가 예수님을 넘겨주겠다는 말을 듣고 기뻐하여 돈을 주기로 약속합니다. 그리하여 유다가 예수를 어떻게 넘겨줄까 하고 그 기회를 찾습니다. 누가복음 22장 6절에 보면, 유다가 예수님을 무리가 없을 때에 넘겨 줄 기회를 찾는데, 그 까닭은 제사장들이 무리로 인하여 분쟁이 일어나는 두려워하였기 때문입니다.

___

___

___

___

88 제자들과 함께 유월절을 지키시는 예수님

마가복음 14 : 12-21

 무교절의 첫날 곧 유월절 양 잡는 날에 제자들이 예수께 여짜오되 우리가 어디로 가서 선생님께서 유월절 음식을 잡수시게 준비하기를 원하시나이까 하매 예수께서 제자 중의 둘을 보내시며 이르시되 성내로 들어가라 그리하면 물 한 동이를 가지고 가는 사람을 만나리니 그를 따라가서 어디든지 그가 들어가는 그 집 주인에게 이르되 선생님의 말씀이 내가 내 제자들과 함께 유월절 음식을 먹을 나의 객실이 어디 있느냐 하시더라 하라 그리하면 자리를 펴고 준비한 큰 다락방을 보이리니 거기서 우리를 위하여 준비하라 하시니 제자들이 나가 성내로 들어가서 예수께서 하시던 말씀대로 만나 유월절 음식을 준비하니라 저물매 그 열둘을 데리시고 가서 다 앉아 먹을 때에 예수께서 이르시되 내가 진실로 너희에게 이르노니 너희 중의 한 사람 곧 나와 함께 먹는 자가 나를 팔리라 하신대 그들이 근심하며 하나씩 하나씩 나는 아니지요 하고 말하기 시작하니 그들에게 이르시되 열둘 중의 하나 곧 나와 함께 그릇에 손을 넣는 자니라 인자는 자기에 대하여 기록된 대로 가거니와 인자를 파는 그 사람에게는 화가 있으리로다 그 사람은 차라리 나지 아니하였더라면 자기에게 좋을 뻔하였느니라 하시니라

기도 요점

 무교절의 첫날 곧 유월절 양 잡는 날에 제자들이 예수께 우리가 어디로 가서 선생님께서 유월절 음식을 잡수시게 준비하기를 원하시는지를 여쭸던 까닭은? 이 질문에 대한 예수님의 대답은? 열두 제자들을 데리시고 유월절 음식이 준비된 곳에서 그들과 함께 잡수시면서 너희 중의 한 사람 곧 나와 함께 먹는 자가 나를 팔리라 하시자 이에 대한 제자들의 반응은? 제자들의 반응을 보시고 예수께서 열둘 중의 하나 곧 나와 함께 그릇에 손을 넣는 자라 이르신

후에 그에 대하여 하신 말씀은?

도움의 말

　무교절의 첫날 곧 유월절 양 잡는 날에 제자들이 예수께 우리가 어디로 가서 선생님께서 유월절 음식을 잡수시게 준비하기를 원하시냐고 여쭙니다. 당시 유월절 음식을 예루살렘 사면 성벽 안에서 먹어야 되었으므로 제자들이 예수님께 어디서 그 음식준비하기를 원하시는지 물었던 것입니다. 그들의 이 같은 물음에 예수께서 제자 중의 둘을 보내시며 성내로 들어가라 그리하면 물 한 동이를 가지고 가는 사람을 만날 것이라 이르신다. 그리고 연이어 다음 두 가지의 말씀을 더 명하신다. 하나는 너희 둘이 그 사람을 따라가서 어디든지 그가 들어가는 그 집 주인에게 선생님의 말씀이 내가 내 제자들과 함께 유월절 음식을 먹을 나의 객실이 어디 있느냐 하신다고 이르라 명하신다. 다른 하나는 너희 말을 들은 그 사람이 자리를 펴고 준비한 큰 다락방을 보일 것이니 거기서 우리를 위하여 유월절 음식을 준비하라 명하신다. 그리하여 그 제자들이 나가 성내로 들어가서 예수께서 하시던 말씀대로 그 사람을 만나 유월절 음식, 즉 양고기 굽는 것, 무교병과 포도주를 배열하는 것, 식초와 포도주 및 그 외 양념에 적신 마른 과일 사이에 쓴 나물을 준비한 것으로 봅니다. 날이 저물매 예수께서 그 열둘을 데리시고 가서 다 앉아 먹는데, 그 음식을 먹는 동안엔 의자에 비스듬히 기대어 앉는 것이 당시 관습이었다고 합니다. 그 때에 예수께서 너희 중의 한 사람 곧 나와 함께 먹는 자가 나를 팔리라 하시자 그들이 근심하며 하나씩 하나씩 나는 아니지요 하고 말하기 시작합니다. 이에 예수께서 그들에게 열둘 중의 하나 곧 나와 함께 그릇에 손을 넣는 자라 이르신다. 이어서 예수께서는 인자는 자기에 대하여 기록된 대로 가거니와 인자를 파는 그 사람에게는 화가 있을 것인데, 그 사람은 차라리 나지 아니하였더라면 자기에게 좋을 뻔했다고 하십니다.

89 이것은 많은 사람을 위하여 흘리는 나의 피 곧 언약의 피니라

마가복음 14 : 22-26

 그들이 먹을 때에 예수께서 떡을 가지사 축복하시고 떼어 제자들에게 주시며 이르시되 받으라 이것은 내 몸이니라 하시고 또 잔을 가지사 감사기도 하시고 그들에게 주시니 다 이를 마시매 이르시되 이것은 많은 사람을 위하여 흘리는 나의 피 곧 언약의 피니라 진실로 너희에게 이르노니 내가 포도나무에서 난 것을 하나님 나라에서 새 것으로 마시는 날까지 다시 마시지 아니하리라 하시니라 이에 그들이 찬미하고 감람산으로 가니라

기도 요점

 예수께서 제자들과 마지막 유월절 식사를 하실 때에 떡을 가지사 축복하시고 떼어 제자들에게 주시며 이르시되 받으라 이것은 내 몸이니라 하시고 또 잔을 가지사 감사기도 하시고 그들에게 주시니 다 이를 마시매 이르시되 이것은 많은 사람을 위하여 흘리는 나의 피 곧 언약의 피니라 말씀하시는 당시 상황을 상상해 보십시오.

도움의 말

 제자들과 함께 준비된 큰 다락방에서 유월절 음식을 잡수 실 때에 예수께서 떡을 가지어 축복하시고 떼어 제자들에게 주시며 받으라 이것은 내 몸이라 하신다. 또 잔을 가지어 감사기도 하시고 그들에게 주시니 다 이를 마시니 예수께서 이것은 많은 사람을 위하여 흘리는 나의 피 곧 언약의 피라 이르신다. 여기서의 언약이란 언약을 맺는 당사자들끼리 서로 대등한 관계에서 합의된 것을 의미하는 말이 아니라 하나님에 의하여 주도되어 맺어진 관계를 의미합니다. 이 같은 의미로 예수께서는 제자들에게 십자가에서 흘리시는 피를 언약의 피라 이르시고 이어 그들에게 내가 포도나무에서 난 것을 하나님 나라

에서 새 것으로 마시는 날까지 다시 마시지 아니하리라 하신다. 이에 그들이 다락방을 떠나 찬미하고 감람산으로 가는데, 당시 유월절에 찬양 시편을 부르거나 연주하였다고 합니다. 유월절 식사 전에 두 시편, 곧 113편과 114편을, 그리고 식사 후에 네 시편, 곧 115편, 116편, 117편 118편을 저녁 예식의 끝에 불렀다고 합니다.

90 베드로가 부인할 것을 예언하시다

마가복음 14 : 27-31

예수께서 제자들에게 이르시되 너희가 다 나를 버리리라 이는 기록된 바 내가 목자를 치리니 양들이 흩어지리라 하였음이니라 그러나 내가 살아난 후에 너희보다 먼저 갈릴리로 가리라 베드로가 여짜오되 다 버릴지라도 나는 그리하지 않겠나이다 예수께서 이르시되 내가 진실로 네게 이르노니 오늘 이 밤 닭이 두 번 울기 전에 네가 세 번 나를 부인하리라 베드로가 힘있게 말하되 내가 주와 함께 죽을지언정 주를 부인하지 않겠나이다 하고 모든 제자도 이와 같이 말하니라

기도 요점

예수께서 제자들에게 너희가 다 나를 버리리라 이르신 후에 그들에게 하신 말씀은? 이 말씀을 들은 베드로가 다 예수님을 버릴지라도 나는 그리하지 않겠다고 하자, 이를 듣고 그에게 이르신 예수님의 말씀은?

도움의 말

예수께서 제자들에게 너희가 다 나를 버리리라 이르시면서 두 가지 말씀을 하신다. 하나는 이는 스가랴 13장 7절의 말씀을 인용하시며 내가 목자를 치리니 양들이 흩어지리라 하였음이니라 이르신다. 다른 하나는 그러나 내가 살아난 후에 너희보다 먼저 갈릴리로 가리라 이르신다. 여기서 예수님은 제자들이 곧 흩어지지만 예수께서 부활 후 그들보다 먼저 갈릴리로 가실 것을 이르신다. 이에 베드로가 다 예수님을 버릴지라도 나는 그리하지 않겠다고 선언합니다. 이 같은 베드로의 말을 들으신 예수께서 이르시기를 네게 이르노니 오늘 이 밤 닭이 두 번 울기 전에 네가 세 번 나를 부인하리라 하신다. 그러자 베드로가 힘 있게 예수님에게 내가 주와 함께 죽을지언정 주를 부인

하지 않겠다고 하니 모든 제자도 이와 같이 말을 합니다.

91 겟세마네에서 기도하시는 예수님

마가복음 14 : 32-42

 그들이 겟세마네라 하는 곳에 이르매 예수께서 제자들에게 이르시되 내가 기도할 동안에 너희는 여기 앉아 있으라 하시고 베드로와 야고보와 요한을 데리고 가실새 심히 놀라시며 슬퍼하사 말씀하시되 내 마음이 심히 고민하여 죽게 되었으니 너희는 여기 머물러 깨어 있으라 하시고 조금 나아가사 땅에 엎드리어 될 수 있는 대로 이 때가 자기에게서 지나가기를 구하여 이르시되 아빠 아버지여 아버지께는 모든 것이 가능하오니 이 잔을 내게서 옮기시옵소서 그러나 나의 원대로 마시옵고 아버지의 원대로 하옵소서 하시고 돌아오사 제자들이 자는 것을 보시고 베드로에게 말씀하시되 시몬아 자느냐 네가 한 시간도 깨어 있을 수 없더냐 시험에 들지 않게 깨어 있어 기도하라 마음에는 원이로되 육신이 약하도다 하시고 다시 나아가 동일한 말씀으로 기도하시고 다시 오사 보신즉 그들이 자니 이는 그들의 눈이 심히 피곤함이라 그들이 예수께 무엇으로 대답할 줄을 알지 못하더라 세 번째 오사 그들에게 이르시되 이제는 자고 쉬라 그만 되었다 때가 왔도다 보라 인자가 죄인의 손에 팔리느니라 일어나라 함께 가자 보라 나를 파는 자가 가까이 왔느니라

기도 요점

 제자들과 겟세마네라 하는 곳에 이르매 예수께서 그들에게 이르시되 내가 기도할 동안에 너희는 여기 앉아 있으라 하시고 베드로와 야고보와 요한을 데리고 가실새 심히 놀라시며 슬퍼하사 말씀하시되 내 마음이 심히 고민하여 죽게 되었으니 너희는 여기 머물러 깨어 있으라 하시고 조금 나아가사 땅에 엎드리시어 기도하시는 당시 상황을 상상해 보십시오. 이곳에서 예수께서 기도하신 내용은? 예수께서 기도하시는 동안 그곳에 함께 있었던 베드로와 야고보와 요한이 한 것과 또한 이러한 그들을 보신 예수께서 그들에게 이르신 말씀은?

도움의 말

 예수님과 열 한 제자가 겟세마네라 하는 곳에 이르니 예수께서 제자들에게 내가 기도할 동안에 너희는 여기 앉아 있으라 하신다. 그리고는 베드로와 야고보와 요한을 데리고 가시는데, 예수께서 심히 놀라시며 슬퍼 하사 내 마음이 심히 고민하여 죽게 되었으니 너희는 여기 머물러 깨어 있으라 하신다. 조금 나아가시어 예수께서 땅에 엎드리시어 세 가지를 기도하신다. 첫째는 될 수 있는 대로 이때가 지나가기를 구하시는데, 여기서 이때란 예수께서 고난을 당하시고 죽으시는 하나님 아버지께서 정하신 시간을 가리킵니다. 둘째는 아빠 아버지여 아버지께는 모든 것이 가능하오니 이 잔을 내게서 옮겨 주시기를 구하시는데, 여기서 이 잔이란, 육신을 입으신 예수께서 겪으셔야 되는 고난과 죽음을 또한 죄에 대한 하나님의 진노로 인한 고통과 죽음을 의미합니다. 셋째는 그러나 나의 원대로 마시옵고 아버지의 원대로 하시기를 구하신다. 이 같은 기도를 아버지 하나님께 드리시고 예수께서 돌아오시어 제자들이 자는 것을 보신다. 이에 예수께서 베드로에게 두 가지 말씀을 하신다 하나는 시몬아 자느냐 네가 한 시간도 깨어 있을 수 없더냐 시험에 들지 않게 깨어 있어 기도하라 하신다. 다른 하나는 마음에는 원이로되 육신이 약 하도다 하신다. 이 후에 예수께서 다시 나아가 하나님 아버지께 이미 간구하셨던 동일한 기도를 하시고 다시 오시어 베드로와 야고보와 요한이 자고 있는 것을 보신다. 이때 그들의 눈이 심히 피곤하였으므로 예수께 무엇으로 대답할 줄을 알지 못하는데, 세 번째 오신 예수께서 그들에게 세 가지 말씀을 이르신다. 첫째는 이제는 자고 쉬라 그만 되었다 때가 왔다 이르신다. 둘째는 보라 인자가 죄인의 손에 팔리니 일어나라 함께 가자 이르신다. 셋째는 보라 나를 파는 자가 가까이 왔다 이르신다.

92 예수께서 잡히시다

마가복음 14 : 43-50

예수께서 말씀하실 때에 곧 열둘 중의 하나인 유다가 왔는데 대제사장들과 서기관들과 장로들에게서 파송된 무리가 검과 몽치를 가지고 그와 함께 하였더라 예수를 파는 자가 이미 그들과 군호를 짜 이르되 내가 입맞추는 자가 그이니 그를 잡아 단단히 끌어 가라 하였는지라 이에 와서 곧 예수께 나아와 랍비여 하고 입을 맞추니 그들이 예수께 손을 대어 잡거늘 곁에 서 있는 자 중의 한 사람이 칼을 빼어 대제사장의 종을 쳐 그 귀를 떨어뜨리니라 예수께서 무리에게 말씀하여 이르시되 너희가 강도를 잡는 것 같이 검과 몽치를 가지고 나를 잡으러 나왔느냐 내가 날마다 너희와 함께 성전에 있으면서 가르쳤으되 너희가 나를 잡지 아니하였도다 그러나 이는 성경을 이루려 함이니라 하시더라 제자들이 다 예수를 버리고 도망하니라

기도 요점

예수께서 겟세마네에서 제자들과 말씀하실 때에 유다가 예수님을 팔기 위하여 검과 몽치를 들고 온 무리와 함께 와 예수께 나아와 랍비여 하고 입을 맞추니 그들이 예수께 손을 대어 잡는 당시 상황을 상상해 보십시오. 예수님을 잡는 무리들을 향하여 예수께서 이르시기를 너희가 나를 잡으러 나왔느냐 내가 날마다 너희와 함께 성전에 있으면서 가르쳤으되 너희가 나를 잡지 아니하였도다 그러나 이는 성경을 이루려 함이니라 하시니 제자들이 다 예수님을 버리고 도망하는 당시 상황을 상상하십시오.

도움의 말

예수께서 겟세마네에서 제자들과 말씀하실 때에 곧 열둘 중의 하나인 유다가 왔습니다. 그런데 그는 검과 몽치를 가진 무리와 함께 왔는데, 그들은 대

제사장들과 서기관들과 장로들에게서 파송된 이들입니다. 예수님을 파는 유다가 이미 그들과 군호를 짜 이르기를 내가 입 맞추는 자가 바로 예수이니 그를 잡아 단단히 끌어가라 하였던 터라 그가 곧 예수께 나아와 랍비여 하고 입을 맞추니 그들이 예수께 손을 대어 잡습니다. 그러자 곁에 서 있는 자 중의 한 사람이 칼을 빼어 대제사장의 종을 쳐 그 귀를 떨어뜨리니 예수께서 무리에게 너희가 강도를 잡는 것 같이 검과 몽치를 가지고 나를 잡으러 나왔느냐 이르십니다. 그리고 예수께서 계속하여 그들에게 내가 날마다 너희와 함께 성전에 있으면서 가르쳤지만 너희가 나를 잡지 아니하였으나 이는 성경을 이루려 함이니라 하십니다. 이 말씀을 듣고 있던 제자들이 다 예수를 버리고 도망합니다.

93 한 청년이 벗은 몸으로 도망하다

마가복음 14 : 51-52

한 청년이 벗은 몸에 베 홑이불을 두르고 예수를 따라가다가 무리에게 잡히매 베 홑이불을 버리고 벗은 몸으로 도망하니라

기도 요점

예수님의 열 한 제자들이 다 도망가고 한 청년이 벗은 몸에 홑이불을 두르고 예수님을 따라가는 당시 상황을 상상해 보십시오. 예수님을 따라 가던 그 청년이 검과 몽치를 든 무리에게 잡히니 몸에 두른 홑이불은 버리고 벗은 몸으로 도망하는 당시 상황을 상상해 보십시오.

도움의 말

가룟 유다와 함께 예수님을 잡으러 온 대제사장들과 서기관들과 장로들로부터 파송된 무리들이 예수께 손을 대어 잡자, 예수께서 그들에게 너희가 검과 몽치를 가지고 나를 잡으러 나왔느냐 이르시는 것을 들은 열 한 제자들이 다 도망하였습니다. 그런데 한 청년이 벗은 몸에 베 홑이불을 두르고 예수를 따라가다가 무리에게 잡힙니다. 그러자 그 청년은 베 홑이불을 버리고 벗은 몸으로 도망합니다.

94 공회 앞에 서신 예수님

마가복음 14 : 53-65

　그들이 예수를 끌고 대제사장에게로 가니 대제사장들과 장로들과 서기관들이 다 모이더라 베드로가 예수를 멀찍이 따라 대제사장의 집 뜰 안까지 들어가서 아랫사람들과 함께 앉아 불을 쬐더라 대제사장들과 온 공회가 예수를 죽이려고 그를 칠 증거를 찾되 얻지 못하니 이는 예수를 쳐서 거짓 증언 하는 자가 많으나 그 증언이 서로 일치하지 못함이라 어떤 사람들이 일어나 예수를 쳐서 거짓 증언 하여 이르되 우리가 그의 말을 들으니 손으로 지은 이 성전을 내가 헐고 손으로 짓지 아니한 다른 성전을 사흘 동안에 지으리라 하더라 하되 그 증언도 서로 일치하지 않더라 대제사장이 가운데 일어서서 예수에게 물어 이르되 너는 아무 대답도 없느냐 이 사람들이 너를 치는 증거가 어떠하냐 하되 침묵하고 아무 대답도 아니하시거늘 대제사장이 다시 물어 이르되 네가 찬송 받을 이의 아들 그리스도냐 예수께서 이르시되 내가 그니라 인자가 권능자의 우편에 앉은 것과 하늘 구름을 타고 오는 것을 너희가 보리라 하시니 대제사장이 자기 옷을 찢으며 이르되 우리가 어찌 더 증인을 요구하리요 그 신성모독 하는 말을 너희가 들었도다 너희는 어떻게 생각하느냐 하니 그들이 다 예수를 사형에 해당한 자로 정죄하고 어떤 사람은 그에게 침을 뱉으며 그의 얼굴을 가리고 주먹으로 치며 이르되 선지자 노릇을 하라 하고 하인들은 손바닥으로 치더라

기도 요점

　겟세마네에서 예수님을 체포한 자들이 예수를 끌고 공회에 끌고 가 예수님을 죽이려고 그를 칠 증거를 찾되 얻지 못하는데, 이는 예수님을 쳐서 거짓 증언 하는 자가 많지만 그 증언이 서로 일치하지 못하기 때문입니다. 이에 대제사장이 가운데 일어서서 예수에게 물어 이르되 너는 아무 대답도 없느냐

이 사람들이 너를 치는 증거가 어떠하냐 하되 침묵하고 아무 대답도 아니하시거늘 대제사장이 다시 물어 이르되 네가 찬송 받을 이의 아들 그리스도냐 묻는데, 이에 대한 예수님의 대답은? 이 대답을 들은 대제사장과 그곳의 사람들의 반응은?

도움의 말

겟세마네에서 예수님을 체포한 자들이 예수를 끌고 대제사장에게로 갑니다. 대제사장들과 장로들과 서기관들이 다 모입니다. 이때에 베드로가 예수를 멀찍이 따라 대제사장의 집 뜰 안까지 들어가서 아랫사람들과 함께 앉아 불을 쬡니다. 대제사장들과 온 공회가 예수님을 죽이려고 그를 칠 증거를 찾지만 얻지 못합니다. 이는 예수님을 쳐서 거짓 증언 하는 자가 많으나 그 증언이 서로 일치하지 못하였기 때문입니다. 어떤 사람들이 일어나 예수님을 쳐서 거짓 증언 하여 이르기를 우리가 그의 말을 들으니 손으로 지은 이 성전을 내가 헐고 손으로 짓지 아니한 다른 성전을 사흘 동안에 지으리라 하더라 하되 그 증언도 서로 일치하지 않습니다. 이에 대제사장이 가운데 일어서서 예수에게 물어 이르기를 너는 아무 대답도 없느냐 이 사람들이 너를 치는 증거가 어떠하냐 합니다. 그렇지만 예수께서 침묵하시고 아무 대답도 아니하시니 대제사장이 다시 물어 이르기를 네가 찬송 받을 이의 아들 그리스도냐 합니다. 이에 예수께서 이르시기를 내가 그니라 인자가 권능자의 우편에 앉은 것과 하늘 구름을 타고 오는 것을 너희가 보리라 하십니다. 예수님의 이 말씀을 들은 대제사장이 자기 옷을 찢으며 이르기를 우리가 어찌 더 증인을 요구하리요 그 신성모독 하는 말을 너희가 들었도다 너희는 어떻게 생각하느냐 하면서 그곳의 사람들을 다구 칩니다. 그러자 그들의 반응이 여러 가지로 나타납니다. 어떤 이는 예수님을 사형에 해당한 자로 정죄하고, 또 어떤 사람은 그에게 침을 뱉으며 그의 얼굴을 가리고 주먹으로 치며 이르기를 선지자 노릇을 하라 하고, 또 다른 하인들은 손바닥으로 예수님을 칩니다.

---

95 세 번씩 예수님을 부인한 베드로

마가복음 14 : 66-72

베드로는 아랫 뜰에 있더니 대제사장의 여종 하나가 와서 베드로가 불 쬐고 있는 것을 보고 주목하여 이르되 너도 나사렛 예수와 함께 있었도다 하거늘 베드로가 부인하여 이르되 나는 네가 말하는 것이 무엇인지 알지도 못하고 깨닫지도 못하겠노라 하며 앞뜰로 나갈새 여종이 그를 보고 곁에 서 있는 자들에게 다시 이르되 이 사람은 그 도당이라 하되 또 부인하더라 조금 후에 곁에 서 있는 사람들이 다시 베드로에게 말하되 너도 갈릴리 사람이니 참으로 그 도당이니라 그러나 베드로가 저주하며 맹세하되 나는 너희가 말하는 이 사람을 알지 못하노라 하니 닭이 곧 두 번째 울더라 이에 베드로가 예수께서 자기에게 하신 말씀 곧 닭이 두 번 울기 전에 네가 세 번 나를 부인하리라 하심이 기억되어 그 일을 생각하고 울었더라

기도 요점

베드로가 세 번씩이나 예수님을 알지 못한다고 말하는 당시 상황을 상상해 보십시오. 베드로가 사람들로부터 너도 갈릴리 사람이니 참으로 그 도당이니라 그러나 베드로가 저주하며 맹세하되 나는 너희가 말하는 이 사람을 알지 못하노라 하니 닭이 곧 두 번째 울었는데, 닭 우는 소리를 들은 그의 반응은?

도움의 말

예수께서 공회에서 심문받고 계시는 동안 베드로는 아랫 뜰에 있었는데, 여기서 대제사장의 여종 하나가 와서 베드로가 불 쬐고 있는 것을 봅니다. 이를 주목하던 그녀가 베드로에게 이르기를 너도 나사렛 예수와 함께 있었다고 합니다. 그러자 베드로가 부인하여 그녀에게 이르기를 나는 네가 말하는 것이 무엇인지 알지도 못하고 깨닫지도 못하겠다고 하면서 앞뜰로 나갑니다. 베드

로는 더 이상 사람들에게 예수님의 제자라는 것이 드러나는 것이 두려워 길거리로 통하는 포장된 길 곧 앞뜰로 나갑니다. 그러는 사이에 그 여종이 베드로를 보고 곁에 서 있는 자들에게 다시 이르기를 이 사람은 그 도당이라 합니다. 그러나 베드로는 또 이를 부인합니다. 조금 후에 곁에 서 있는 사람들이 다시 베드로에게 말하기를 너도 갈릴리 사람이니 참으로 그 도당이라 합니다. 이에 베드로가 저주하며 맹세하기를 나는 너희가 말하는 이 사람을 알지 못한다 하니 닭이 곧 두 번째 웁니다. 이에 베드로가 예수께서 자기에게 하신 말씀, 곧 닭이 두 번 울기 전에 네가 세 번 나를 부인하리라는 말씀이 기억되어 그 일을 생각하고 울었습니다.

96 빌라도가 예수께 묻다

마가복음 15 : 1-5

 새벽에 대제사장들이 즉시 장로들과 서기관들 곧 온 공회와 더불어 의논하고 예수를 결박하여 끌고 가서 빌라도에게 넘겨 주니 빌라도가 묻되 네가 유대인의 왕이냐 예수께서 대답하여 이르시되 네 말이 옳도다 하시매 대제사장들이 여러 가지로 고발하는지라 빌라도가 또 물어 이르되 아무 대답도 없느냐 그들이 얼마나 많은 것으로 너를 고발하는가 보라 하되 예수께서 다시 아무 말씀으로도 대답하지 아니하시니 빌라도가 놀랍게 여기더라

기도 요점

 새벽에 대제사장들이 즉시 장로들과 서기관들 곧 온 공회와 더불어 의논하고 예수를 결박하여 끌고 가서 빌라도에게 넘겨주니 빌라도가 묻되 네가 유대인의 왕이냐 라고 질문하는데, 이러한 질문을 하게 된 배경과 이 물음에 대한 예수님의 반응은? 빌라도가 또 예수께 대제사장들이 얼마나 많은 것으로 너를 고발하고 있는데, 너는 아무 대답도 없느냐 하니 이에 대한 예수님의 반응과 그리고 예수님의 이 반응에 대한 빌라도의 반응은?

도움의 말

 날이 밝은 새벽에 대제사장들이 즉시 장로들과 서기관들 곧 온 공회와 더불어 의논하고 로마의 판결을 받기 위하여 예수님을 결박하여 끌고 가서 빌라도에게 넘겨줍니다. 산헤드린 공회는 당시 사형 판결을 내릴 수는 있었으나 그 형을 집행할 수는 없었고 오로지 판결 받은 죄수는 로마 정부에 넘겨져 사형 선고와 형이 집행되었다고 합니다. 그러기에 로마 정부를 대신 할 수 있는 권리를 가진 총독 빌라도에게 예수님이 넘겨집니다. 예수께서 자신을 왕이라고 하는 것은 당시 로마 황제에 대한 반역이며 사형에 해당되는 범죄로 여겨

졌기에 빌라도가 예수께 네가 유대인의 왕이냐 묻습니다. 이에 예수께서 대답하여 이르시기를 네 말이 옳도다 하십니다. 대제사장들이 여러 가지로 고발합니다. 그러자 빌라도가 또 예수께 그들이 너를 얼마나 많은 것으로 고발하는가를 보라 그런데 너는 아무 대답도 없느냐 묻습니다. 그렇지만 예수께서는 다시 아무 말씀으로도 대답하지 아니하시니 빌라도가 놀랍게 여깁니다.

97 예수님이 빌라도에게 넘겨지다

마가복음 15 : 6-10

 명절이 되면 백성들이 요구하는 대로 죄수 한 사람을 놓아 주는 전례가 있더니 민란을 꾸미고 그 민란 중에 살인하고 체포된 자 중에 바라바라 하는 자가 있는지라 무리가 나아가서 전례대로 하여 주기를 요구한대 빌라도가 대답하여 이르되 너희는 내가 유대인의 왕을 너희에게 놓아 주기를 원하느냐 하니 이는 그가 대제사장들이 시기로 예수를 넘겨 준 줄 앎이러라

기도 요점

 무리가 빌라도에게 나아가 유월절 명절에 죄인 한 사람을 놓아 주는 전례대로 하여 주기를 요구하니 이에 대한 빌라도의 대답은? 이 같은 대답을 빌라도가 무리에게 할 수 있게 된 배경은?

도움의 말

 유월명절이 되면 해마다 백성들이 요구하는 대로 죄수 한 사람을 놓아 주는 전례가 있었습니다. 당시 민란을 꾸미고 그 민란 중에 살인하고 체포된 자 중에 바라바라 하는 자가 있었습니다. 이에 무리가 빌라도에게 나아가서 전례대로 죄수 한 사람을 놓어 주기를 요구합니다. 그러자 빌라도가 대답하여 이르기를 너희는 내가 유대인의 왕을 너희에게 놓아 주기를 원하느냐 묻습니다. 이는 무리들이 예수님의 석방을 요청할 것을 기대하는 그의 마음을 드러내는 질문입니다. 사실 빌라도는 대제사장들이 시기로 예수님을 그에게 넘겨 준 줄 알고 있었습니다.

98 예수는 채찍질하고 십자가에 못 박히게 넘겨주다

마가복음 15 : 11-15

그러나 대제사장들이 무리를 충동하여 도리어 바라바를 놓아 달라 하게 하니 빌라도가 또 대답하여 이르되 그러면 너희가 유대인의 왕이라 하는 이를 내가 어떻게 하랴 그들이 다시 소리 지르되 그를 십자가에 못 박게 하소서 빌라도가 이르되 어찜이냐 무슨 악한 일을 하였느냐 하니 더욱 소리 지르되 십자가에 못 박게 하소서 하는지라 빌라도가 무리에게 만족을 주고자 하여 바라바는 놓아 주고 예수는 채찍질하고 십자가에 못 박히게 넘겨 주니라

기도 요점

대제사장들이 무리를 충동하여 예수님 대신 바라바를 놓아 달라 하게 하는 당시 상황을 상상해 보십시오. 죄를 찾지도 못하면서도 무리에게 만족을 주고자 하여 바라바는 놓아주고 예수님은 채찍질하고 십자가에 못 박히게 넘겨주는 빌라도를 상상해 보십시오.

도움의 말

대제사장들이 무리를 충동하여 예수님 대신 바라바를 놓아 달라 하게 합니다. 그러자 빌라도가 또 대답하여 이르기를 그러면 너희가 유대인의 왕이라 하는 이를 내가 어떻게 하랴 합니다. 이에 그들이 다시 소리 지르기를 그를 십자가에 못 박게 하소서 하니 빌라도가 이르되 어찜이냐 예수가 무슨 악한 일을 하였느냐 합니다. 이 말을 들은 무리들이 더욱 소리 지르기를 십자가에 못 박게 하소서 하는지라 빌라도가 무리에게 만족을 주고자 바라바는 놓아주고 예수는 채찍질하고 십자가에 못 박히게 넘겨줍니다. 당시 로마는 사형 선고받은 남자는 처형 전에 멘 몸으로 때로는 나무에 묶인 채 날카로운 금속

혹은 뼈 조각을 박은 짧은 가죽 채찍으로 로마 병사들에게 매질을 당했다고 합니다.

99 군인들이 예수를 희롱하다

마가복음 15 : 16-20

군인들이 예수를 끌고 브라이도리온이라는 뜰 안으로 들어가서 온 군대를 모으고 예수에게 자색 옷을 입히고 가시관을 엮어 씌우고 경례하여 이르되 유대인의 왕이여 평안할지어다 하고 갈대로 그의 머리를 치며 침을 뱉으며 꿇어 절하더라 희롱을 다 한 후 자색 옷을 벗기고 도로 그의 옷을 입히고 십자가에 못 박으려고 끌고 나가니라

기도 요점

예수님을 매질하던 군인들이 예수님을 끌고 궁전 안으로 들어가 군대를 모으고 예수님에게 자색 옷을 입히고 가시관을 엮어 씌우고 경례하며 유대인의 왕이여 평안 할 지어다 하며 갈대로 예수님 머리를 치고 침을 뱉으며 희롱하는 당시 상황을 상상해 보십시오. 이 같이 희롱을 다 한 후, 예수님의 자색 옷을 벗기고 도로 예수님의 옷을 입히고 십자가에 못 박으려고 성 밖으로 끌고 나가는 당시 상황을 상상하십시오.

도움의 말

예수님을 매질하던 군인들이 예수님을 끌고 궁전 안으로 들어가서 온 군대를 모읍니다. 그리고 그들이 예수에게 자색 옷을 입히고 가시관을 엮어 씌우고 경례하여 이르기를 유대인의 왕이여 평안 할지어다 라며 멸시합니다. 그들은 갈대로 예수님의 머리를 치며 침을 뱉으며 꿇어 절하면서희롱을 합니다. 그런 후 그들은 예수님의 자색 옷을 벗기고 도로 그의 옷을 입히고 십자가에 못 박으려고 성 밖으로 끌고 나갑니다.

100 십자가에 못 박히신 예수님

마가복음 15 : 21-25

마침 알렉산더와 루포의 아버지인 구레네 사람 시몬이 시골로부터 와서 지나가는데 그들이 그를 억지로 같이 가게 하여 예수의 십자가를 지우고 예수를 끌고 골고다라 하는 곳(번역하면 해골의 곳)에 이르러 몰약을 탄 포도주를 주었으나 예수께서 받지 아니하시니라 십자가에 못 박고 그 옷을 나눌새 누가 어느 것을 가질까 하여 제비를 뽑더라 때가 제삼시가 되어 십자가에 못 박으니라

기도 요점

로마 군인들이 지나가는 시몬을 억지로 같이 가게 하여 예수님의 십자가를 지우고 예수님을 끌고 골고다에 이르러 몰약을 탄 포도주를 드렸으나 이를 받지 아니하시니 십자가에 못 받히시게 하는 당시 상황을 상상하십시오. 그들이 예수님을 십자가에 못 박고 그 옷을 나누며 누가 어는 것을 가질까 하여 제비를 뽑는 당시 상황을 상상하십시오.

도움의 말

마침 알렉산더와 루포의 아버지인 구레네 사람 시몬이 시골로부터 와서 지나가는데 로마 군인들이 그를 억지로 같이 가게 하여 예수님의 십자가를 지웁니다. 사실 당시 죄수는 150파운드 정도의 자기 십자가의 사로 목을 직접 지고 시내를 거쳐 처형 장소까지 가는 것이 관례였다고 합니다. 그런데 시몬에게 예수님의 십자가를 지우고 예수님을 끌고 골고다라 하는 곳에 이르러 몰약을 탄 포도주를 예수님에게 드립니다. 당시 몰약을 탄 포도주를 사형 당하는 죄수에게 마시게 하는 것이 관례였다고 하는데, 그 이유는 두 가지라고 합니다. 하나는 십자가형을 당하는 죄수의 고통을 덜어 주려는데 있고, 다른

하나는 사형 집행관들이 죄수를 쉽게 다룰 수 있었기 때문이라고 합니다. 그러나 예수께서 이를 받지 아니하십니다. 그들이 예수님을 십자가에 못 박고 그 옷을 나눕니다. 그들은 누가 어느 것을 가질까 하여 제비를 뽑으니 때가 제 삼시, 즉 아침 9시가 되어 예수님을 십자가에 못 박습니다.

101 십자가 위에 못 박히신
예수님을 모욕하다

마가복음 15 : 26-32

 그 위에 있는 죄패에 유대인의 왕이라 썼고 강도 둘을 예수와 함께 십자가에 못 박으니 하나는 그의 우편에, 하나는 좌편에 있더라 지나가는 자들은 자기 머리를 흔들며 예수를 모욕하여 이르되 아하 성전을 헐고 사흘에 짓는다는 자여 네가 너를 구원하여 십자가에서 내려오라 하고 그와 같이 대제사장들도 서기관들과 함께 희롱하며 서로 말하되 그가 남은 구원하였으되 자기는 구원할 수 없도다 이스라엘의 왕 그리스도가 지금 십자가에서 내려와 우리가 보고 믿게 할지어다 하며 함께 십자가에 못 박힌 자들도 예수를 욕하더라

기도 요점

 지나가는 사람들이 십자가 위에 못 박히신 예수님을 모욕하기를 아하 성전을 헐고 사흘에 짓는다는 자여 네가 너를 구원하여 십자가에서 내려오라 하는 당시 상황을 상상해 보십시오. 그와 같이 대제사장들도 서기관들과 함께 예수님을 희롱하며 서로 말하기를 그가 남은 구원하였으되 자기는 구원할 수 없다 하고 또한 함께 십자가에 못 박힌 자들도 이스라엘의 왕 그리스도가 지금 십자가에서 내려와 우리가 보고 믿게 할 지어다 하며 예수님을 욕하는 당시 상황을 상상해 보십시오.

도움의 말

 당시 죄인의 이름과 그의 죄목을 써서 죄인의 머리 위에 매다는 것이 로마의 관례였으므로 예수님 위에 있는 죄 패에 유대인의 왕이라 썼습니다. 그리고 강도 둘을 예수님과 함께 십자가에 못 박으니 하나는 그의 우편에, 하나는 좌편에 있습니다. 여기를 지나가는 사람들은 자기 머리를 흔들며 예수님을

모욕하여 이르기를 아하 성전을 헐고 사흘에 짓는다는 자여 네가 너를 구원하여 십자가에서 내려오라 합니다. 그와 같이 대제사장들도 서기관들과 함께 십자가에 못 박히신 예수님을 희롱하며 서로 말하기를 그가 남은 구원하였으되 자기는 구원할 수 없다 합니다. 또한 함께 십자가에 못 박힌 자들도 이스라엘의 왕 그리스도가 지금 십자가에서 내려와 우리가 보고 믿게 할 지어다 하며 예수님을 욕합니다.

---

102 예수 숨지시다

마가복음 15 : 33-41

제육시가 되매 온 땅에 어둠이 임하여 제구시까지 계속하더니 제구시에 예수께서 크게 소리 지르시되 엘리 엘리 라마 사박다니 하시니 이를 번역하면 나의 하나님, 나의 하나님 어찌하여 나를 버리셨나이까 하는 뜻이라 곁에 섰던 자 중 어떤 이들이 듣고 이르되 보라 엘리야를 부른다 하고 한 사람이 달려가서 해면에 신 포도주를 적시어 갈대에 꿰어 마시게 하고 이르되 가만 두라 엘리야가 와서 그를 내려 주나 보자 하더라 예수께서 큰 소리를 지르시고 숨지시니라 이에 성소 휘장이 위로부터 아래까지 찢어져 둘이 되니라 예수를 향하여 섰던 백부장이 그렇게 숨지심을 보고 이르되 이 사람은 진실로 하나님의 아들이었도다 하더라 멀리서 바라보는 여자들도 있었는데 그 중에 막달라 마리아와 또 작은 야고보와 요세의 어머니 마리아와 또 살로메가 있었으니 이들은 예수께서 갈릴리에 계실 때에 따르며 섬기던 자들이요 또 이 외에 예수와 함께 예루살렘에 올라온 여자들도 많이 있었더라

기도 요점

예수께서 크게 소리 지르시기를 엘리 엘리 라마 사박다니 하시고 숨지시니 이에 성소 휘장이 위로부터 아래까지 찢어져 둘이 되는 당시 상황을 상상해 보십시오. 이를 지켜본 사형 집행관의 일을 맡았던 당시 이방 로마관리였던 백부장의 반응은?

도움의 말

제육시가 되매 온 땅에 어둠이 임하여 제구시까지 계속하더니 제구시에 예수께서 크게 소리 지르시기를 엘리 엘리 라마 사박다니 하십니다. 이를 번역하면 나의 하나님, 나의 하나님 어찌하여 나를 버리셨나이까 하는 뜻인데, 이

는 하나님 아버지에 의하여 법적 의미에서 버림을 받았지만 이 가운데서도 하나님과의 진실한 관계유지가 되고 있음의 부르짖음입니다. 이 소리를 곁에 섰던 자 중 어떤 이들이 듣습니다. 이를 들은 이들이 이르기를 보라 엘리야를 부른다 하고, 한 사람이 달려가서 해면에 신 포도주를 적시어 갈대에 꿰어 마시게 합니다. 그러자 가만 두라 엘리야가 와서 그를 내려 주나 보자 하는데, 예수께서 큰 소리를 지르시고 숨지십니다. 이에 성소 휘장이 위로부터 아래까지 찢어져 둘이 되니 예수를 향하여 섰던 백부장이 그렇게 숨지심을 보고 이르기를 이 사람은 진실로 하나님의 아들이었도다 합니다. 이 백부장은 사형 집행관의 일을 맡았던 이방 로마관리였습니다. 멀리서 이를 바라보는 여자들도 있었는데 그 중에 막달라 마리아와 또 작은 야고보와 요세의 어머니 마리아와 또 살로메가 있었습니다. 이들은 예수께서 갈릴리에 계실 때에 따르며 섬기던 이들입니다. 또 이 외에 예수님과 함께 예루살렘에 올라온 여자들도 많이 있었습니다.

103 요셉이 예수님의 시체를 무덤에 넣어 두다

마가복음 15 : 42-47

 이 날은 준비일 곧 안식일 전날이므로 저물었을 때에 아리마대 사람 요셉이 와서 당돌히 빌라도에게 들어가 예수의 시체를 달라 하니 이 사람은 존경 받는 공회원이요 하나님의 나라를 기다리는 자라 빌라도는 예수께서 벌써 죽었을까 하고 이상히 여겨 백부장을 불러 죽은 지가 오래냐 묻고 백부장에게 알아 본 후에 요셉에게 시체를 내주는지라 요셉이 세마포를 사서 예수를 내려다가 그것으로 싸서 바위 속에 판 무덤에 넣어 두고 돌을 굴려 무덤 문에 놓으매 막달라 마리아와 요세의 어머니 마리아가 예수 둔 곳을 보더라

기도 요점

 존경받는 공회원이며 하나님의 나라를 기다리는 요셉이 빌라도에게 와서 예수님의 시체를 달라하는 당시 상황을 상상해 보십시오. 요셉이 세마포를 사서 예수님의 시체를 데려다가 그것으로 싸서 바위 속에 판 무덤에 넣어 두고 돌을 굴려 무덤 문에 놓으니 막달라 마리아와 요세의 어머니 마리아가 예수님 둔 곳을 보는 당시 상황을 상상하십시오.

도움의 말

 이 날은 준비일 곧 안식일 전날이므로 저물었을 때에 아리마대 사람 요셉이 와서 당돌히 빌라도에게 들어가 예수의 시체를 달라 합니다. 요셉은 존경받는 공회원이며 하나님의 나라를 기다리는 사람입니다. 예수님의 시체를 달라는 말을 들은 빌라도는 예수께서 벌써 죽었을까 하고 이상히 여겨 백부장을 불러 죽은 지가 오래냐고 묻습니다. 빌라도는 백부장에게 알아 본 후에 요셉에게 시체를 내줍니다. 요셉이 세마포를 사서 예수를 내려다가 그것으로 싸서 바위 속에 판 무덤에 넣어 두고 돌을 굴려 무덤 문에 놓아두는데, 이는

침입자들로부터 예수님의 시신을 보호하기 위해서입니다. 막달라 마리아와 요세의 어머니 마리아가 예수 둔 곳을 봅니다.

104 예수께서 살아나시다

마가복음 16 : 1-8

안식일이 지나매 막달라 마리아와 야고보의 어머니 마리아와 또 살로메가 가서 예수께 바르기 위하여 향품을 사다 두었다가 안식 후 첫날 매우 일찍이 해 돋을 때에 그 무덤으로 가며 서로 말하되 누가 우리를 위하여 무덤 문에서 돌을 굴려 주리요 하더니 눈을 들어본즉 벌써 돌이 굴려져 있는데 그 돌이 심히 크더라 무덤에 들어가서 흰 옷을 입은 한 청년이 우편에 앉은 것을 보고 놀라매 청년이 이르되 놀라지 말라 너희가 십자가에 못 박히신 나사렛 예수를 찾는구나 그가 살아나셨고 여기 계시지 아니하니라 보라 그를 두었던 곳이니라 가서 그의 제자들과 베드로에게 이르기를 예수께서 너희보다 먼저 갈릴리로 가시나니 전에 너희에게 말씀하신 대로 너희가 거기서 뵈오리라 하라 하는지라 여자들이 몹시 놀라 떨며 나와 무덤에서 도망하고 무서워하여 아무에게 아무 말도 하지 못하더라

기도 요점

안식일이 지나 막달라 마리아와 야고보의 어머니 마리아와 또 살로메가 가서 예수께 바르기 위하여 향품을 사다 두었다가 안식 후 첫날 매우 일찍이 해 돋을 때에 그 무덤으로 가며 서로 말하되 누가 우리를 위하여 무덤 문에서 돌을 굴려 주리요 하더니 눈을 들어본즉 벌써 돌이 굴려져 있는데 그 돌이 심히 크더라 무덤에 들어가서 흰 옷을 입은 한 청년이 우편에 앉은 것을 보고 놀라는 당시 상황을 상상해 보십시오. 그 무덤 안에 있는 청년이 그녀들에게 이르되 놀라지 말라 너희가 십자가에 못 박히신 나사렛 예수를 찾는구나 그가 살아나셨고 여기 계시지 아니하니라 보라 그를 두었던 곳이니라 이른 후에 그 청년이 그들에게 준 임무는?

도움의 말

 안식일이 지나매 막달라 마리아와 야고보의 어머니 마리아와 또 살로메가 가서 예수께 바르기 위하여 향품을 사다 두었습니다. 그러다가 안식 후 첫날 매우 일찍이 해 돋을 때에 그 무덤으로 가며 서로 말하기를 누가 우리를 위하여 무덤 문에서 돌을 굴려 주리요 합니다. 그런데 눈을 들어본즉 벌써 돌이 굴려져 있는데, 그 돌이 심히 큽니다. 그들이 무덤에 들어가서 흰 옷을 입은 한 청년이 우편에 앉은 것을 보고 놀랍니다. 이에 청년이 이르기를 놀라지 말라 너희가 십자가에 못 박히신 나사렛 예수를 찾는 구나 그가 살아나시어 여기 계시지 않다고 합니다. 그 청년은 이어 그들에게 보라 그를 두었던 곳이라 이르며 두 가지 임무를 줍니다. 하나는 가서 예수님의 제자들과 베드로에게 예수께서 너희보다 먼저 갈릴리로 가신다고 이르라는 것입니다. 다른 하나는 전에 예수께서 너희에게 말씀하신 대로 너희가 갈릴리서 예수님을 뵈라는 것입니다. 이에 여자들이 몹시 놀라 떨며 나와 무덤에서 도망하고 무서워하여 아무에게 아무 말도 하지 못합니다.

105 막달라 마리아에게 자신을
보이신 살아나신 예수님

마가복음 16 : 9-11

예수께서 안식 후 첫날 이른 아침에 살아나신 후 전에 일곱 귀신을 쫓아내어 주신 막달라 마리아에게 먼저 보이시니 마리아가 가서 예수와 함께 하던 사람들이 슬퍼하며 울고 있는 중에 이 일을 알리매 그들은 예수께서 살아나셨다는 것과 마리아에게 보이셨다는 것을 듣고도 믿지 아니하니라

기도 요점

예수께서 안식 후 첫날 이른 아침에 살아나신 후, 전에 일곱 귀신을 쫓아내어 주신 막달라 마리아에게 먼저 자신을 보여주시는 당시 상황을 상상해 보십시오. 부활하신 예수님을 본 막달라 마리아가 가서 예수님과 함께 하던 사람들이 슬퍼하며 울고 있는 중에 예수님의 부활소식을 알리는데, 이에 대한 그들의 반응은?

도움의 말

예수께서 안식 후 첫날 이른 아침에 살아나신 후 전에 일곱 귀신을 쫓아내어 주신 막달라 마리아에게 먼저 보이십니다. 이 같이 부활하신 예수께서 먼저 찾아오시어 살아나신 예수님을 보게 된 마리아가 가서 예수님과 함께 하던 사람들이 슬퍼하며 울고 있는 중에 예수님의 부활소식을 알립니다. 그러나 그들은 예수께서 살아나셨다는 것과 마리아에게 보이셨다는 것을 듣고도 이를 믿지 아니합니다.

106 두 제자에게 나타나신 부활의 주님

마가복음 16 : 12-13

그 후에 그들 중 두 사람이 걸어서 시골로 갈 때에 예수께서 다른 모양으로 그들에게 나타나시니 두 사람이 가서 남은 제자들에게 알리었으되 역시 믿지 아니하니라

기도 요점

마리아로부터 예수님의 부활소식을 듣고도 믿지 아니하였던 두 제자에게 예수께서 다른 모양으로 나타나신 당시 상황을 상상해 보십시오. 이 두 사람이 부활하신 예수님을 만나게 된 후, 남은 제자들에게 가서 이를 알리었지만 역시 믿지 아니하였던 당시 상황을 상상해 보십시오.

도움의 말

그 후에 그들 중 두 사람이 걸어서 시골로 갈 때에 예수께서 다른 모양으로 그들에게 나타나십니다. 이는 엠마오로 내려가던 두 제자에 대한 말씀으로서 이들 역시 마라이로부터 예수님의 부활을 듣고 믿지 아니하였던 경험이 있습니다. 그렇지만 이 두 사람에게 부활하신 주님이 나타나시어 이들은 가서 남은 제자들에게 예수님의 부활을 알리었으되 역시 믿지 아니합니다.

107 만민에게 복음을 전파하라

마가복음 16 : 14-18

그 후에 열한 제자가 음식 먹을 때에 예수께서 그들에게 나타나사 그들의 믿음 없는 것과 마음이 완악한 것을 꾸짖으시니 이는 자기가 살아난 것을 본 자들의 말을 믿지 아니함일러라 또 이르시되 너희는 온 천하에 다니며 만민에게 복음을 전파하라 믿고 세례를 받는 사람은 구원을 얻을 것이요 믿지 않는 사람은 정죄를 받으리라 믿는 자들에게는 이런 표적이 따르리니 곧 그들이 내 이름으로 귀신을 쫓아내며 새 방언을 말하며 뱀을 집어올리며 무슨 독을 마실지라도 해를 받지 아니하며 병든 사람에게 손을 얹은즉 나으리라 하시더라

기도 요점

열한 제자가 음식 먹을 때에 예수께서 그들에게 나타나사 꾸짖으신 까닭은? 열 한 제자들을 꾸짖으시고 난 후, 그들에게 예수께서 온 천하에 다니며 만민에게 복음을 전파하라 믿고 세례를 받는 사람은 구원을 얻을 것이요 믿지 않는 사람은 정죄를 받으리라고 하시면서 믿는 자들에게 따르는 표적들을 약속들을 말씀하셨는데, 그 표적들은 무엇인가요?

도움의 말

그 후에 열한 제자가 음식 먹을 때에 나타나신 예수께서 두 가지 꾸짖음을 그들에게 이르십니다. 그 이유는 두 가지인데, 하나는 그들은 예수께서 살아난 것을 본 사람들의 말을 믿지 아니하였기 때문입니다. 다른 하나는 그들은 마음이 완악하였기 때문입니다. 열한 제자들을 꾸짖으신 예수께서는 또 그들에게 세 가지 말씀을 이르십니다. 첫째는 너희는 온 천하에 다니며 만민에게 복음을 전파하라 이르십니다. 둘째는 제자들의 복음전파를 믿고 세례를 받는

사람은 구원을 얻을 것이요 믿지 않는 사람은 정죄를 받으리라 이르십니다. 셋째는 믿는 자들에게는 이런 표적이 따르리라 이르시는데, 이는 구체적으로 제자들이 예수님의 이름으로 귀신을 쫓아내며, 새 방언을 말하며, 뱀을 집어 올리며, 무슨 독을 마실지라도 해를 받지 아니하며, 병든 사람에게 손을 얹은 즉 낫는 표적입니다.

---

108 하늘로 올려 지사
하나님 우편에 앉으신
예수 그리스도

마가복음 16 : 19-20
 주 예수께서 말씀을 마치신 후에 하늘로 올려지사 하나님 우편에 앉으시니라 제자들이 나가 두루 전파할새 주께서 함께 역사하사 그 따르는 표적으로 말씀을 확실히 증언하시니라

기도 요점
 제자들에게 말씀을 마치신 후에 하늘로 올려 지사 하나님 우편에 앉으신 주 예수 그리스도를 상상해 보십시오. 예수 그리스도께서 승천하신 것을 본 제자들이 나가서 두루 전파한 것은 무엇입니까? 그들의 전파사역에서 주께서 함께 역사하사 그 따르는 표적으로 말씀을 확실히 증언하시는데, 여기서 그 따르는 표적이란 구체적으로 무엇입니까?

도움의 말
 주 예수께서 제자들에게 말씀을 마치신 후에 하늘로 올려 지십니다. 하늘로 올려 진 부활하신 예수께서는 하나님 우편에 앉으셨습니다. 이 같은 예수님의 영광과 권위를 초대교회의 스데반이 본 환상에 의하여 당시 신자들에게 증명되었습니다. 예수께서 십자가에서 숙으시고 시흘 만에 부활하시고 승천하사 하나님 우편에 앉으신 그리스도 예수님의 복음을 초대교회 제자들이 나가 두루 전파합니다. 그들의 복음 사역에 주께서 함께 역사하시어 그 따르는 표적으로 말씀을 확실히 증언하십니다.